Antoine Mordacq

Le martyre de Georges Mandel

1940-1944

PASSÉS/COMPOSÉS

ISBN : 979-1-0404-0948-9
Dépôt légal - 1re édition : 2025, avril

170 bis, boulevard du Montparnasse, 75680 Paris Cedex 14

En hommage à Claude Mandel (1930-2003),
orpheline à quatorze ans

À mes filles

« Mourir n'est rien. Ce qui est triste,
c'est de mourir avant d'avoir vu
la libération de son pays
et la restauration de la République. »

Georges Mandel, 7 juillet 1944.

Sommaire

Avertissement

Le récit qui va suivre est l'aboutissement d'une enquête menée en vue de reconstituer le quotidien de Georges Mandel, de son éviction du gouvernement le 16 juin 1940 jusqu'à sa mort tragique le 7 juillet 1944.

Il se fonde, en premier lieu, sur des archives, publiques et privées, et notamment celles du fonds Georges Mandel conservé aux Archives Nationales : l'ensemble des sources primaires consultées est mentionné p. 281.

Les notes (consultables p. 261) visent à sourcer la totalité des citations et informations d'envergure mentionnées dans l'ouvrage.

Nous avons également recouru aux témoignages des protagonistes de l'époque, souvent publiés ou recueillis après la guerre, sans ignorer la nécessaire distance qu'il convient de respecter à l'égard d'écrits à vocation parfois justificatrice.

Introduction

Le 7 juillet 1945 en fin de matinée, une petite foule se rassemble aux abords de la place du Trocadéro, à Paris. La guerre est finie en Europe depuis presque deux mois, et la France tente de tourner la page de quatre années d'occupation. Le groupe de personnalités qui se réunit a des allures de cortège funèbre. C'est en effet à un mort que les participants viennent rendre hommage : Georges Mandel, ancien ministre, assassiné un an plus tôt, jour pour jour, par la Milice de Vichy.

Si le rassemblement converge au pied du cimetière de Passy, sur un large boulevard arboré débouchant sur la place du Trocadéro, c'est parce que le conseil municipal de Paris a décidé de baptiser, par un vote unanime, le bout de l'avenue Henri-Martin du nom de Georges Mandel, et de l'officialiser en ce jour symbolique. C'est aussi l'occasion d'effacer la mémoire honteuse des années précédentes. L'axe avait été nommé, en 1941, avenue Jean-Chiappe par le gouvernement de Vichy, du nom de l'ancien préfet de police, renvoyé en février 1934, qui s'était révélé proche de l'extrême-droite, jusqu'à servir Vichy avant de périr dans un accident d'avion.

Parmi les présents, nombreux sont les hommes politiques, amis ou adversaires, qui ont connu Mandel sous la IIIe République : Paul Reynaud, l'ancien président du Conseil tout juste rentré du Tyrol autrichien où il a été déporté, Édouard Daladier, Louis Marin, Albert Sarraut, Félix Gouin, Vincent Auriol ou encore Pierre Cot. Leurs mines sont graves, les plaies encore ouvertes. Les fidèles collaborateurs de l'illustre disparu sont représentés par Max Brusset, son ancien chef de cabinet qui le premier a suggéré de faire attribuer le nom de Georges Mandel à une avenue parisienne, et Joseph Besselère, son ancien secrétaire et fidèle avocat. Les honneurs sont rendus par le 4e régiment de zouaves de l'armée d'Afrique, référence symbolique au ministère des colonies que dirigea Mandel avec passion de 1938 à 1940.

Il y a là aussi une jeune fille éplorée, qui semble perdue dans le groupe de politiques en costume sombre : c'est Claude Mandel, la fille du ministre disparu, âgée de quinze ans. Seule manque à l'appel Béatrice Bretty, la compagne de Georges Mandel, qui l'a suivi avec Claude dans chacune de ses prisons françaises. Elle a repris son métier de comédienne et se trouve en tournée au Royaume-Uni.

André Le Troquer, président du conseil municipal de Paris, qui a voyagé sur le *Massilia* avec Mandel en juin 1940 et l'a visité plus tard à Vals-les-Bains, dévoile délicatement la plaque de la nouvelle avenue Georges-Mandel face aux participants. Le lieu n'est que symboles : ne se trouve-t-il pas à quelques encâblures de la rue Franklin, où a vécu jusqu'à sa mort Georges Clemenceau, le maître à penser auquel Mandel a dédié la première partie de sa vie ? Il est aussi situé à moins d'un kilomètre de l'ancien domicile du ministre assassiné, qui vécut jusqu'à la débâcle de 1940 avenue Victor-Hugo, dans le XVIe arrondissement de Paris. L'avenue se trouve enfin au pied même du cimetière de Passy, où le corps de Georges Mandel sera définitivement inhumé en 1947.

Le Troquer s'avance vers une petite estrade montée pour l'occasion et prend la parole : il évoque le rôle de Mandel comme ministre de l'Intérieur en mai et juin 1940, ainsi que son départ vers l'Afrique du Nord en espérant poursuivre la lutte, et fait l'éloge de sa droiture et de sa constante probité. C'est ensuite Michel Clemenceau, le fils du Tigre, qui s'avance vers la tribune pour stigmatiser la forfaiture du régime de Vichy qui a livré à l'ennemi un ministre français. Il demande que justice soit rendue, en écho au procès de Pétain qui doit s'ouvrir quelques jours plus tard. Il rend hommage à la figure de Georges Mandel, l'intransigeant et courageux républicain, digne héritier de Georges Clemenceau.

Enfin, Paul Reynaud intervient avec émotion pour rappeler des souvenirs de captivité partagés avec l'homme disparu. Il souligne la clairvoyance politique de Georges Mandel durant son emprisonnement, exalte le martyre de l'intransigeant républicain et rapporte le dialogue qu'il eut avec lui au fort du Portalet, quelque temps avant d'être livrés aux Allemands en 1942 : « Ils n'oseront tout de même pas nous vendre aux Allemands ! C'est une chose sans précédent ! » lui dit Mandel. Reynaud lui répondit : « Un précédent, ça se crée. Dans cinq ou six ans, nous aurons peut-être une petite rue Mandel-et-Reynaud. » Il rapporte aussi son ultime entrevue avec Mandel, lorsqu'il le retrouva à Buchenwald, pour quelques heures, en mai 1943.

Une fois les discours prononcés, le petit groupe se disperse, laissant dans une atmosphère lugubre l'avenue fraîchement renommée.

Inauguration de l'avenue Georges-Mandel le 7 juillet 1945 à Paris. De gauche à droite : Michel Clemenceau, Robert Rothschild (frère de G. Mandel), Paul Reynaud, Claude Mandel, et probablement Joseph Besselère. © Archives nationales (France), 544AP/77

Georges Mandel est né Louis Rothschild en 1885 à Chatou, au sein d'une famille juive parisienne qui s'y trouve alors en villégiature. Très tôt passionné par la politique, il fait le choix de ne pas s'engager dans des études universitaires auxquelles il aurait pu prétendre après le baccalauréat, pour tenter une carrière dans la presse d'opinion. Il décide alors de prendre le patronyme de sa mère originaire d'Alsace, Hermine Mandel, pour éviter toute confusion avec la famille de banquiers dont il n'est qu'un homonyme, et de changer de prénom pour retenir celui de Georges, son oncle maternel s'appelant déjà Louis. Issu d'une famille non pratiquante, le jeune Mandel se révèle tôt détaché de la religion : « Juif tel que Sartre le définit et qui n'aurait jamais conscience de l'être si l'antisémitisme ne la lui donnait pas[1] », il va toute sa vie durant être attaqué sur ses origines familiales par ses opposants.

Il obtient d'entrer en 1903 comme rédacteur à *L'Aurore*, journal dont Georges Clemenceau - que le jeune Mandel admire - est le directeur politique. De ce premier emploi modeste, Mandel va s'attacher à se rendre utile, puis indispensable à son mentor. Il suit ainsi fidèlement Clemenceau et se présente aux élections législatives à plusieurs reprises, en vain. En 1914, réformé pour inaptitude physique, Mandel reste auprès de son chef, avec une seule ambition en tête : préparer l'arrivée de Clemenceau au pouvoir, qu'il considère comme impérative et inéluctable pour conduire un gouvernement d'union nationale.

En novembre 1917, lorsque Clemenceau devient président du Conseil, Georges Mandel est naturellement nommé chef de son cabinet civil et l'assiste dans l'action gouvernementale. Alors que le Tigre cumule la direction du gouvernement et le portefeuille de la Guerre, Mandel se voit confier les dossiers les plus sensibles, dont les relations avec le Parlement, la censure et le suivi des préfectures. Fin 1919, il se présente sous une étiquette républicaine clémenciste[2] aux élections législatives en Gironde, dans la circonscription de Lesparre, qu'il remporte aisément avant de devenir dans la foulée maire de Soulac. Georges Mandel va demeurer député de la Gironde sans discontinuer jusqu'en 1940, à l'exception d'un intermède entre 1924 et 1928, lorsqu'il échoue face au cartel des gauches.

Dans l'entre-deux-guerres, il se positionne au centre droit de l'échiquier politique, demeurant indépendant de tout parti. En novembre 1934, il accède enfin à un poste ministériel, qu'il espère depuis tant d'années, en étant nommé ministre des Postes, Télégraphes et Téléphones (PTT) par Pierre-Étienne Flandin. C'est un ministère technique, subalterne, que Mandel identifie néanmoins comme stratégique : il pilote une administration de plus de 150 000 fonctionnaires et, surtout, les centres névralgiques des communications nationales. Il sait que les centraux téléphoniques, télégraphiques et les postes d'émission radiophonique constituent des installations essentielles en cas de guerre. Il évince brutalement plusieurs directeurs qu'il juge incompétents, et souhaite réformer un ministère qu'il estime peu efficace à l'égard des usagers – il y crée pour la première fois un service des réclamations. Le ministre Mandel s'engage dans la modernisation de la radiodiffusion, dont il souhaite améliorer les émissions d'information et culturelles pour former l'opinion. Il crée la distribution de courrier par avion « Air Bleu » et initie la diffusion, en 1935, des premières émissions télévisées diffusées en France, avant de quitter le ministère des PTT à l'avènement du Front populaire en juin 1936. Le président du Sénat, Jules Jeanneney, dira de Mandel aux PTT que « si gouverner c'est prévoir et agir, Mandel gouverne ».

Conscient du danger hitlérien dès 1933, Mandel ne cesse d'alerter ses collègues sur le réarmement et les visions expansionnistes de l'Allemagne et de dénoncer les concessions successives qui lui sont accordées, en particulier lorsque le service militaire obligatoire est rétabli outre-Rhin en mars 1935. « Belliciste parce qu'il est convaincu que plus le temps passe, plus le rapport des forces entre l'Allemagne et la France deviendra défavorable à la France[3] », hostile à tout compromis, il s'insurge également lorsque l'Italie de Mussolini envahit l'Éthiopie en octobre 1935, s'opposant là au président du Conseil Pierre Laval.

En avril 1938, Georges Mandel est nommé ministre des Colonies dans le gouvernement d'Édouard Daladier. Il perçoit la dimension stratégique de son portefeuille alors que la guerre approche : l'empire français n'est-il pas un réservoir essentiel d'hommes et de ressources naturelles pour se préparer à la guerre, qu'il sait inéluctable ? Il s'attache à mobiliser les colonies plus encore à partir de septembre 1939, lorsque la France déclare la guerre à l'Allemagne. Il reste à son poste le 21 mars 1940 quand Paul Reynaud remplace Édouard Daladier à la présidence du Conseil. Le 18 mai, Reynaud opère un remaniement en nommant le maréchal Pétain à la symbolique vice-présidence du Conseil et en offrant le ministère de l'Intérieur à Georges Mandel, dont il connaît le caractère et le patriotisme intransigeants pour faire face, sur le territoire, à la débâcle militaire qui s'accentue depuis l'offensive allemande lancée le 10 mai.

Sa priorité est de gérer l'afflux de réfugiés sur les routes, qui entravent bientôt les mouvements de troupes, ajoutant à la désorganisation générale. Il veut s'appuyer sur les maires et les préfets pour maintenir un semblant d'ordre sur le territoire français face à l'exode, tandis que les armées tentent de se réorganiser. Le ministre de l'Intérieur imagine alors confier le contrôle de l'ordre public sur le territoire national - zones des armées incluses - à un homme de confiance, le général Mordacq, ancien chef du cabinet militaire de Clemenceau durant la Grande Guerre. Il soumet cette idée à Pétain, qui connaît bien Mordacq, mais le vieux maréchal refuse, inquiet que l'Intérieur puisse mettre le nez dans les zones sous contrôle des armées.

Mandel s'attaque aussi aux tentatives d'infiltration de l'ennemi et aux défaitistes de l'arrière, qu'il considère comme une « cinquième colonne » qui sape la résistance face à la déferlante allemande. C'est à ce titre qu'il fait arrêter les 4 et 5 juin 1940 plusieurs intellectuels et journalistes d'extrême-droite, admirateurs assumés de l'Allemagne nazie, dont certains déversent leur prose défaitiste dans *Je suis partout*, journal ouvertement fasciste et antisémite.

Georges Mandel ne va rester au ministère de l'Intérieur que vingt-neuf jours, mais jamais il ne faiblit dans son action face au désastre. Anglophile comme Reynaud, il est persuadé que le Royaume-Uni, et en particulier son Premier ministre Winston Churchill - qui l'appellera dans ses Mémoires « *the great Mandel* » -, peuvent sauver la France. Mandel est appuyé dans sa volonté de résister avec l'allié britannique par le nouveau sous-secrétaire d'État à la Guerre et à la Défense nationale, Charles de Gaulle, nommé le 6 juin 1940. Las, tout ne se passe pas comme il l'a espéré au sein du cabinet Reynaud, dont certains ministres cachent de moins en moins leur souhait de demander un arrêt des hostilités.

Le 10 juin, le gouvernement évacue Paris et se replie en Touraine. Georges Mandel est le dernier des ministres à quitter la capitale dans la nuit, soucieux que le départ du gouvernement se fasse en bon ordre. Il s'installe le lendemain avec son cabinet à la préfecture de Tours, d'où il continue à coordonner les préfets avec son assurance habituelle. Le 13 juin, après une réunion interalliée en présence de Churchill et un conseil des ministres lors duquel l'hypothèse d'un armistice est évoquée, de Gaulle, atterré, songe à démissionner. Il s'apprête à envoyer sa lettre de démission lorsque Mandel lui demande de venir le voir. Le ministre parle sur un ton de gravité et de résolution qui impressionne de Gaulle. Il lui dit partager l'idée que l'indépendance et l'honneur de la France ne peuvent être sauvegardés qu'en continuant la guerre et lui recommande de rester à son poste :

> Qui sait si finalement nous n'obtiendrons pas que le gouvernement aille, tout de même, à Alger ? De toute façon, nous ne sommes qu'au début de la guerre mondiale. Vous aurez de grands devoirs à remplir, Général ! Mais avec l'avantage d'être, au milieu de nous tous, un homme intact. Ne pensez qu'à ce qui doit être fait pour la France et songez que, le cas échéant, votre fonction actuelle pourra vous faciliter les choses[4].

Les mots de Mandel convainquent de Gaulle de rester au sein du gouvernement Reynaud.

Ministres et parlementaires sont une nouvelle fois évacués en raison de l'avancée allemande, cette fois vers Bordeaux, le 14 juin. Le gouvernement s'y fracture, les tenants de l'armistice se dévoilent d'heure en heure et se rangent derrière Pétain. Mandel, exaspéré, tente bien de remobiliser ses collègues en assurant que la lutte doit se poursuivre à tout prix, mais le clan des résistants se réduit. Il sait que Pétain et Weygand, le généralissime des armées françaises, complotent pour défendre l'arrêt des combats, alors que lui considère que « la bataille de France n'est qu'une bataille dans cette grande guerre. Demain, nous pouvons aussi vaincre en Méditerranée. [...] C'est folie de se déclarer vaincus lorsque nous pouvons être vainqueurs en continuant la lutte avec nos alliés dans notre empire africain[5] ».

Même l'énergique Paul Reynaud semble dépassé. Dans la soirée du 16 juin, épuisé, après avoir compris que la majorité de ses ministres et les chefs militaires penchent désormais dans le camp de l'armistice, il adresse sa démission au président de la République Albert Lebrun. Celui-ci appelle le maréchal Pétain à prendre la tête du gouvernement et à lui proposer une liste de ministres. Ils sont tout trouvés : le clan Pétain, soutenu en coulisses par Pierre Laval – qui ne parvient néanmoins pas à obtenir les affaires étrangères –, a d'ores et déjà imaginé une composition gouvernementale entièrement acquise à l'idée de demander les conditions d'un armistice aux Allemands. Weygand est nommé ministre de la Défense nationale, tandis que l'amiral Darlan, le commandant de la flotte française, devient ministre de la Marine.

Introduction

Le sort de Georges Mandel est scellé : évincé de ce gouvernement partisan de l'armistice, l'ancien ministre redevient simple député le soir du 16 juin 1940. Il reste néanmoins convaincu qu'il est encore possible de poursuivre le combat depuis l'empire et que les pouvoirs publics doivent s'y installer. Il tient là le rôle du « premier résistant », selon les mots de Léon Blum.

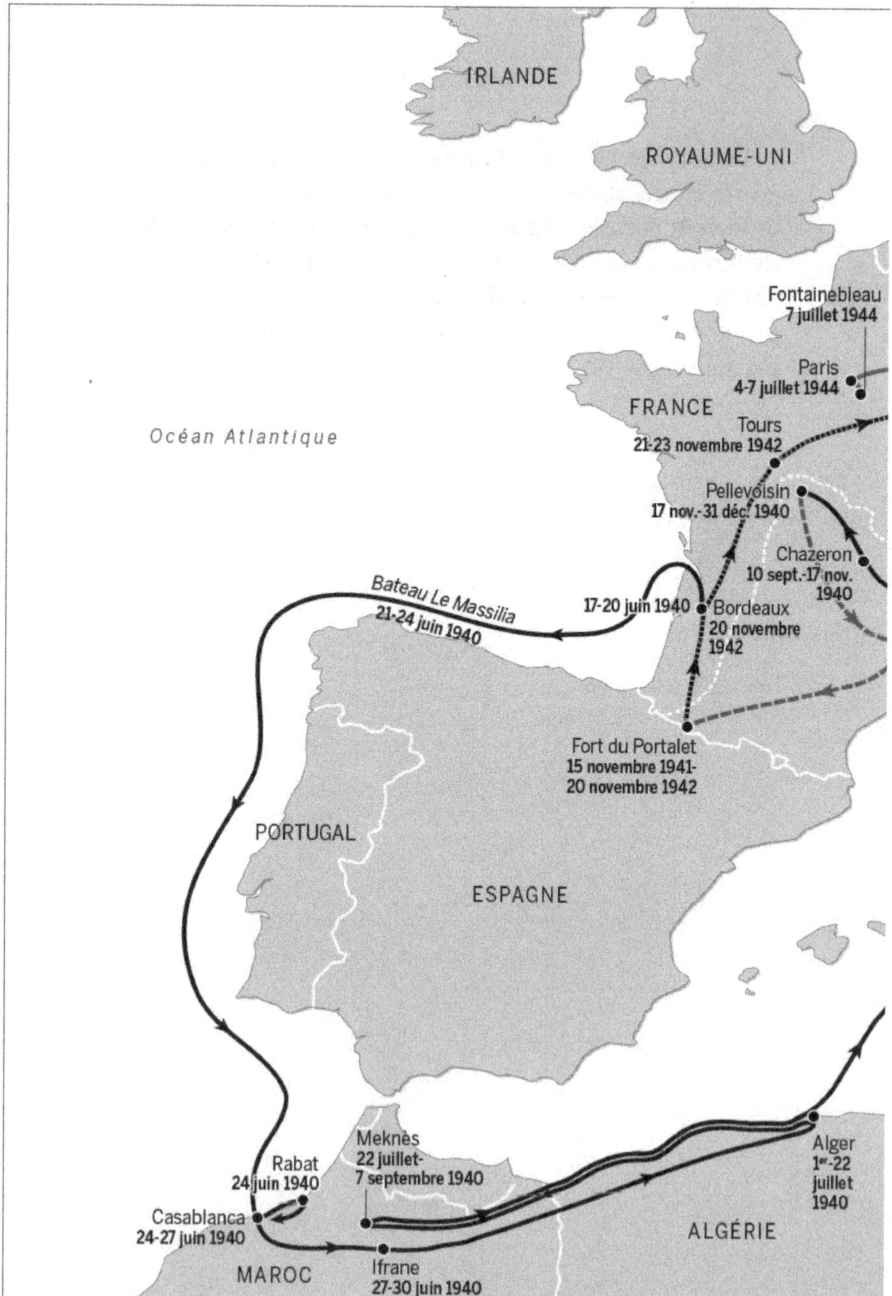
IRLANDE
ROYAUME-UNI
Océan Atlantique
FRANCE
Fontainebleau
7 juillet 1944
Paris
4-7 juillet 1944
Tours
21-23 novembre 1942
Pellevoisin
17 nov.-31 déc. 1940
Chazeron
10 sept.-17 nov.
1940
Bateau Le Massilia
21-24 juin 1940
17-20 juin 1940
Bordeaux
20 novembre
1942
Fort du Portalet
15 novembre 1941-
20 novembre 1942
PORTUGAL
ESPAGNE
Meknès
22 juillet-
7 septembre 1940
Rabat
24 juin 1940
Casablanca
24-27 juin 1940
Alger
1er-22
juillet
1940
ALGÉRIE
MAROC
Ifrane
27-30 juin 1940

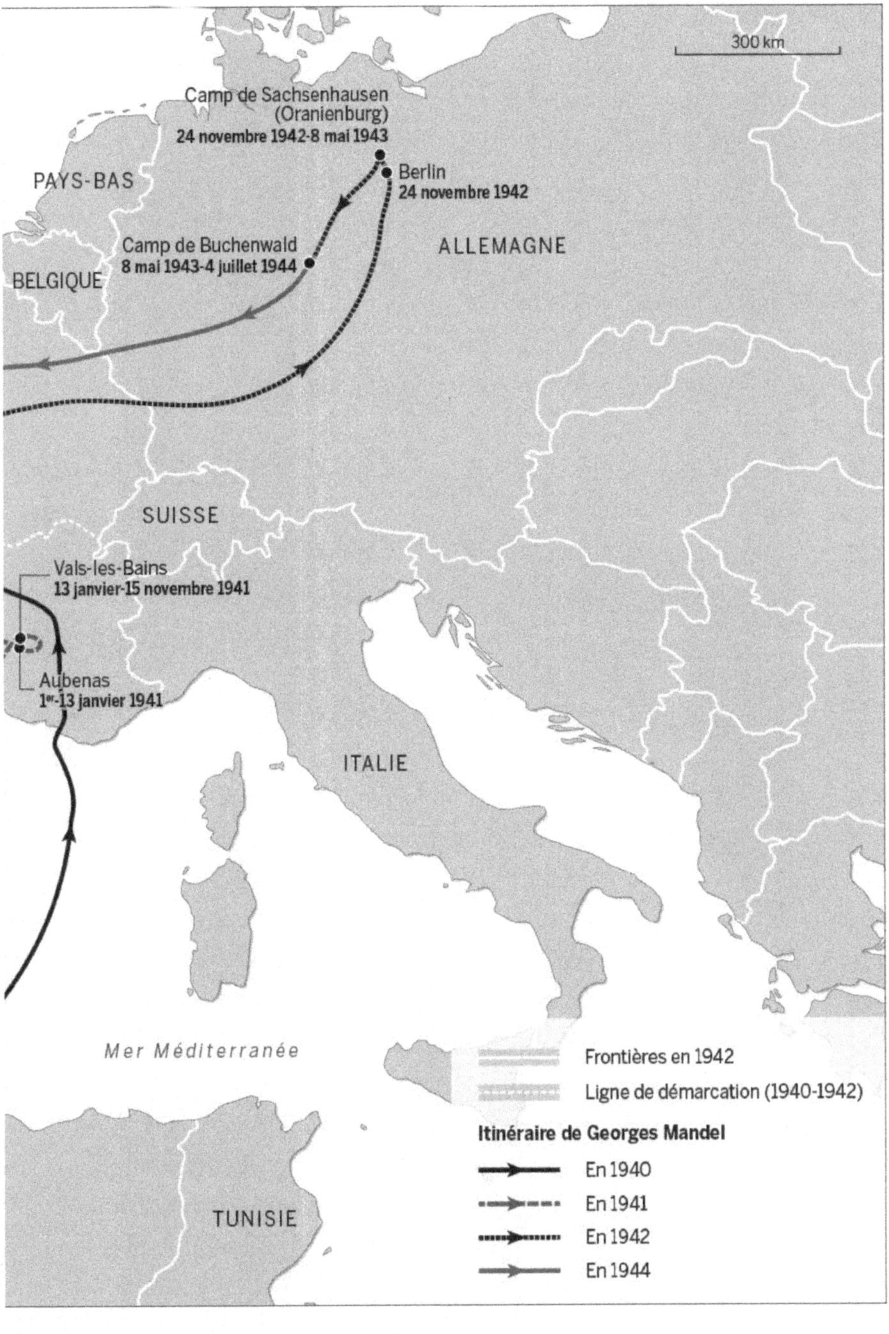

300 km
Camp de Sachsenhausen
(Oranienburg)
24 novembre 1942-8 mai 1943
Berlin
24 novembre 1942
PAYS-BAS
Camp de Buchenwald
8 mai 1943-4 juillet 1944
ALLEMAGNE
BELGIQUE
SUISSE
Vals-les-Bains
13 janvier-15 novembre 1941
Aubenas
1er-13 janvier 1941
ITALIE
Mer Méditerranée
TUNISIE
Frontières en 1942
Ligne de démarcation (1940-1942)
Itinéraire de Georges Mandel
En 1940
En 1941
En 1942
En 1944

CHAPITRE 1

L'espoir

Bordeaux, 16-20 juin 1940

Partir à Londres ?

À l'issue d'un ultime conseil des ministres dans la soirée du 16 juin, Paul Reynaud annonce sa démission. Georges Mandel se sait désormais bien seul pour défendre l'esprit de résistance, qui plus est à l'extérieur du gouvernement. Il rentre à son bureau du ministère de l'Intérieur, hâtivement installé dans les locaux de la préfecture, rue Esprit-des-Lois, à quelques pas du Grand Théâtre de Bordeaux. Des gendarmes y font irruption pour lui intimer l'ordre de ne pas quitter les lieux - première initiative inquiétante du nouveau gouvernement Pétain.

Mandel reçoit néanmoins dans la nuit la visite du général Spears, représentant de Churchill en France, qui veut le convaincre de le suivre à Londres, comme il l'a fait avec le général de Gaulle, qu'il prévoit d'emmener dès le lendemain matin. Spears, qui se rend à la préfecture dans l'obscurité imposée par la défense antiaérienne, trouve Mandel seul dans son bureau. Il revient avec lui sur la démission de Reynaud et sur l'échec de la proposition anglaise d'une union politique franco-britannique, finalement abandonnée par Reynaud. Mandel lui raconte qu'il s'est emporté lors de ce dernier conseil des ministres : « Il y a autour de cette table des hommes braves et des lâches[1] », a-t-il éructé, quand il a compris que le clan de l'armistice était en passe de l'emporter. Spears explique à Mandel qu'il n'y a plus rien à faire à Bordeaux : l'appel à la résistance ne peut venir que hors de France, et il craint que l'Afrique du Nord ne soit soumise à Pétain. Sa présence à Londres, en tant qu'ancien ministre, donnerait du poids à cet appel, et permettrait de mobiliser les Anglais et l'empire français pour poursuivre la lutte. Mandel ne dit rien, alors Spears le supplie de le suivre, en ajoutant qu'il a parlé à Churchill, qui en est d'accord :

> « Il faut une voix autorisée, qui n'ait jamais accepté la capitulation, pour soulever l'Empire.
> — Je vais y réfléchir[2] », répond Mandel.

Le général britannique s'inquiète pour lui et prend conscience que s'il reste, il sera arrêté par les Allemands, qui savent « quelle valeur représente cet adversaire implacable et intelligent[3] ». Mandel lui rétorque :

> « Vous êtes inquiet pour moi, parce que je suis juif. C'est justement parce que je suis juif que je ne partirai pas demain ; j'aurais l'air d'avoir peur et de prendre la fuite. »
> — Ce sera peut-être trop tard ! lui répond Spears.
> — Je ne partirai pas demain », dit Mandel d'un ton définitif.

Les deux hommes se saluent, avant que Spears ne murmure, dépité : « À bientôt, à très bientôt à Londres, j'espère. » Le lendemain, le 17 juin, Spears décolle avec de Gaulle pour Londres. Le refus de Mandel brise le rêve d'un gouvernement de résistance unifié à Londres.

À une heure du matin, Charles Pomaret appelle Georges Mandel pour lui annoncer qu'il va lui succéder à l'Intérieur. Mandel, toujours bien renseigné, le sait déjà. Les deux hommes se rencontrent dans la nuit. Le ministère est désert, Mandel classe des papiers qu'il remet à son successeur. Son accueil est affable et sans illusions : « Je quitte à regret le gouvernement. La politique dans laquelle on s'engage n'a pas mon approbation, vous le savez, et je la combats[4]. » Au même moment, le nouveau ministre des Affaires étrangères, Paul Baudouin, fait demander à Berlin et à Rome les conditions dans lesquelles un armistice pourrait être signé.

Le 17 juin dans la matinée, Mandel déménage à l'hôtel Royal Gascogne situé à deux pas, rue de Condé. Il y fait porter les lourdes malles sans lesquelles il ne se déplace jamais. Depuis son départ de Paris la semaine précédente, il est accompagné de Béatrice Bretty, sa compagne, et de Claude, sa fille.

Béatrice Bretty est une comédienne réputée, sociétaire de la Comédie-Française depuis 1929. De son vrai nom Anne-Marie Bolchesi, elle rencontre Georges Mandel en 1935, à l'occasion des premières retransmissions télévisées d'événements culturels initiées par le ministre des PTT. Dans le petit monde politico-médiatique, on la désigne dès lors comme la « maîtresse » de Georges Mandel. Douée d'un « tempérament autoritaire et de solides talents professionnels[5] », elle décide de suivre son compagnon lors de l'évacuation de Paris et de mettre en suspens sa carrière artistique. Elle s'occupe aussi de la fille du ministre, Claude, née en 1930. Issue de l'union entre Georges Mandel et Henriette Labout, elle grandit d'abord auprès de sa mère, avant que son père ne la reconnaisse en novembre 1937, tout en subvenant à ses besoins. La petite Claude connaît bien peu son père, jusqu'à cet exode imposé à partir duquel elle va le suivre dans ses destinations successives.

Georges Mandel, sa compagne et sa fille sont enfin accompagnés en permanence par Baba Diallo, le domestique du ministre. Né en 1900 au Mali, il s'installe au Sénégal en 1925 et fait office de chauffeur du ministre des Colonies lorsque celui-ci se rend à Dakar en 1939. Mandel apprécie sa discrétion et sa maîtrise du français, et lui propose de l'engager à Paris, où Diallo va loger à proximité de son employeur, avenue Victor-Hugo. Dévoué à Mandel, Diallo accepte de le suivre en juin 1940 en étant à la fois homme de chambre, chauffeur et garde du corps.

Les premiers ennuis

À l'hôtel Royal Gascogne, la chambre de Mandel est transformée en bureau improvisé. Le 17 juin midi, il se rend à son restaurant favori, Le Chapon Fin, avec Béatrice Bretty. C'est dans cet établissement réputé que les premiers ennuis arrivent : un colonel de gendarmerie se présente au cours du repas et demande à l'ancien ministre de le suivre. « Vous me laisserez bien finir mes cerises ! » lui objecte Mandel, toujours ironique. Il est emmené à la caserne de gendarmerie de la rue Judaïque, où on l'informe qu'il est arrêté pour « menées contraires à

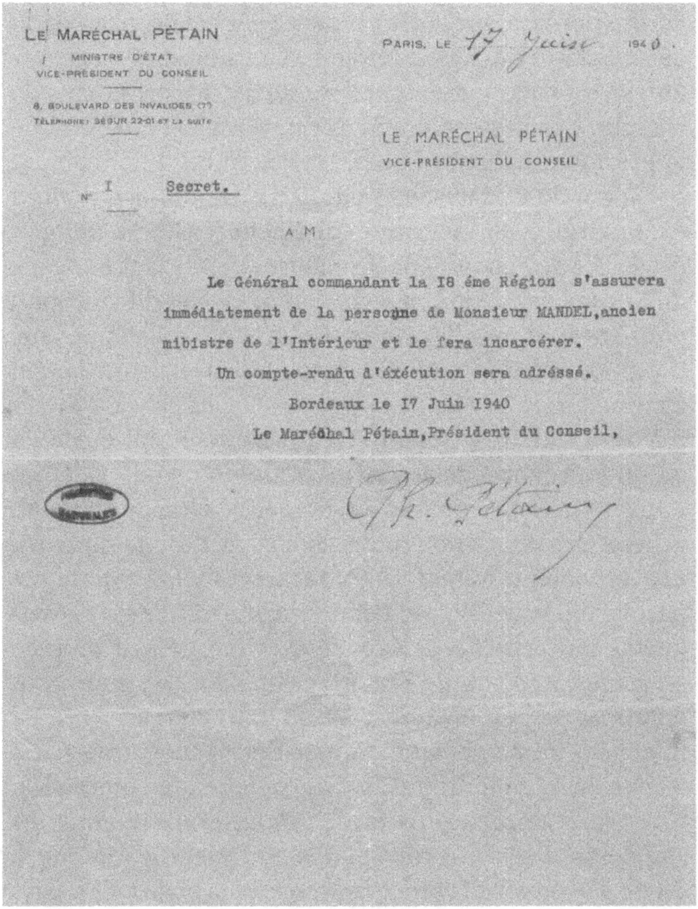

LE MARÉCHAL PÉTAIN
MINISTRE D'ÉTAT
VICE-PRÉSIDENT DU CONSEIL

8, BOULEVARD DES INVALIDES (7)
TÉLÉPHONE : SÉGUR 22-01 ET LA SUITE

PARIS, LE 17 Juin 1940.

LE MARÉCHAL PÉTAIN
VICE-PRÉSIDENT DU CONSEIL

N° I Secret.

A M

Le Général commandant la I8 éme Région s'assurera immédiatement de la personne de Monsieur MANDEL, ancien mibistre de l'Intérieur et le fera incarcérer.

Un compte-rendu d'éxécution sera adréssé.

Bordeaux le I7 Juin I940

Le Maréchal Pétain, Président du Conseil,

Ph. Pétain

Ordre d'arrestation de Georges Mandel signé par Pétain le 17 juin 1940. Le papier à en-tête du maréchal n'a pas encore été mis à jour et indique sa fonction précédente de vice-président du Conseil.

l'ordre public », sur ordre du maréchal Pétain, et en dépit de son statut de parlementaire[6]. La rumeur de l'arrestation se répand rapidement à Bordeaux, les présidents de chambres protestent auprès du gouvernement, tandis que le président Lebrun rappelle à Pétain qu'il n'a comme président du Conseil aucun droit d'arrestation. Celle-ci a été ordonnée sur instigation de Raphaël Alibert, influent conseiller de Pétain, sous-secrétaire d'État à la présidence du Conseil depuis la veille. Ancien conseiller d'État connu pour ses opinions d'extrême-droite et son antisémitisme, il a pour habitude de désigner exclusivement Mandel comme « le Juif ».

Vers 17 heures, Pétain reçoit Mandel et lui explique qu'un journaliste de *Je suis partout*, un certain Georges Roux, l'a dénoncé pour avoir, avec le général Bührer[7], fait acheter des armes pour attenter à la vie des membres du gouvernement. Alibert, qui a recueilli l'information, n'a pas daigné la vérifier, et Pétain reconnaît que les renseignements recueillis se sont révélés inexacts. Il indique à l'ancien ministre de l'Intérieur qu'il l'a fait venir pour entendre ses explications. Mandel lui répond : « Je ne m'abaisserai pas à vous donner des explications. C'est à vous de m'en fournir. C'est une affaire qui commence. Nous la réglerons plus tard. Aujourd'hui, je vous dis simplement ceci : je vous plains, monsieur le Maréchal, d'être à la merci de votre entourage, et je plains mon pays qui vous a pris pour chef[8] ! » Le Maréchal a mal entendu, ou fait semblant de ne pas avoir compris. Il fait répéter. Mandel répète : « Je dis bien, monsieur le Maréchal, je vous plains, je veux dire : j'ai de la commisération pour vous[9]. »

Pétain ne bronche pas, et lui présente des excuses. Mandel lui rétorque : « Voulez-vous m'écrire ce que vous venez de me dire, reconnaissant votre erreur ? J'accepte vos excuses, mais je les désire écrites, et écrites de votre main. » Le maréchal acquiesce et commence à rédiger une lettre qui débute ainsi : « Après les explications que vous m'avez données, je reconnais que... » Il la lit à Mandel qui l'interrompt aussitôt :

« Je ne vous ai pas fourni d'explications !
— Je vous en demande.
— Je n'ai pas d'explications à vous donner. Comment ! Vous arrêtez votre collègue de la veille sur une prétendue dénonciation, sans le mettre en demeure de s'expliquer, sans même un coup de téléphone ! »

Pétain appelle Alibert :

« C'est vous qui m'avez fait faire cela !
— Que voulez-vous ? demande Pétain à Mandel.
— Que vous vous excusiez, que vous me disiez que vous espérez que cette affaire n'aura pas de suite[10]. »

Le maréchal consent à réécrire la lettre d'excuses et rédige un nouveau courrier sous la dictée de Mandel :

17 juin 1940.
Monsieur le Ministre,
Sur une dénonciation faite au B.C.R. [bureau central de renseignement], aux termes de laquelle un dépôt d'armes aurait été constitué en vue d'une opération dirigée contre

le gouvernement à l'instigation de M. Mandel et du général Bührer, j'ai fait procéder à l'arrestation de ces messieurs. J'ai acquis la conviction que cette dénonciation ne reposait sur aucun fondement et avait le caractère d'une manœuvre de provocation ou de désordre. Je m'en excuse et souhaite vivement que cette malheureuse affaire n'ait pas d'autre suite.
PH. PÉTAIN.

Rangeant la lettre dans son veston, Mandel dit à Pétain, en quittant la pièce : « C'est bien, Monsieur le Maréchal, j'aurai de vous un bel autographe[11]. » Le maréchal lui répond faussement : « Ce sera pour moi une leçon, voyez-vous, quand à l'avenir j'aurai un embarras, un doute, je vous ferai venir, je vous demanderai conseil[12]. » Ce qui ne l'empêche pas d'affirmer quelques jours après, en comité restreint : « Cela lui servira d'avertissement[13]. »

Georges Mandel fait immédiatement photographier la lettre d'excuses pour en conserver toujours une copie sur lui. Mais l'épisode va laisser des traces : en humiliant Pétain, et plus encore Alibert, qui enrage, Mandel devient la cible prioritaire du nouveau gouvernement.

Se replier en Afrique du Nord

Le 18 juin, le président Lebrun, appuyé par les présidents des chambres Édouard Herriot et Jules Jeanneney, évoque l'hypothèse d'un repli du gouvernement en Afrique du Nord face à l'avancée allemande. Georges Mandel ne pense pas autrement : il refuse de nouveau une proposition britannique de rejoindre Londres à bord d'un destroyer qui mouille dans la Garonne et considère toujours que la lutte doit se poursuivre en France, quitte à l'organiser depuis l'empire. Rejoindre un territoire étranger, fût-il allié, le placerait dans une forme d'illégalité dont il ne veut pas entendre parler.

Mandel justifie quelques semaines plus tard son inflexibilité :

> J'avais été violemment hostile à la demande d'armistice. Je pensais que lorsqu'on appartient à une coalition, on n'est vaincu que si cette coalition succombe ; or, ce n'était pas le cas et en dehors de l'armée française il nous restait plus de 2,5 millions d'hommes en état de porter les armes (1 400 000 affectés spéciaux, 500 000 dans les dépôts, 300 000 hommes des deux dernières classes qu'on était en train de lever, plus de 400 000 hommes en Afrique du Nord), sans compter la totalité des forces qu'on était en mesure de lever dans l'ensemble de nos possessions coloniales. Mais la condition de la résistance, c'était sans doute le départ des pouvoirs publics de la métropole. Or, j'avais toujours soutenu que dans cette éventualité il fallait s'établir en terre française. Mon avis n'avait pas varié et quand après la demande d'armistice de nombreuses personnalités m'ont dit de partir, m'en ont supplié, j'ai toujours dit : « Je resterai là où se tiendront les pouvoirs publics à condition qu'ils ne se soient pas placés sous la protection de l'ennemi[14]. »

C'est que l'ancien ministre des Colonies a aussi une grande confiance dans le général Noguès, résident général au Maroc et commandant en chef en Afrique du Nord, dont il est sûr qu'il refusera la défaite et saura commander les troupes repliées sur son territoire, avec l'appui décisif de l'allié anglais.

Le 19 juin, on envisage d'évacuer le gouvernement vers Perpignan, d'où il sera toujours possible d'embarquer vers l'Afrique du Nord. Quant aux parlementaires, pour lesquels les présidents Herriot et Jeanneney s'inquiètent, l'amiral Darlan propose de mettre à disposition un paquebot qui partirait de Bordeaux. Dans la soirée, il leur confirme par écrit :

> Le bateau désigné est le *Massilia*. Il sera amarré le 20, vers midi, au quai des chargeurs [à Bordeaux]. L'embarquement devra s'effectuer entre 14h et 16h. Appareillage le 20 à partir de 16h. 600 places de cabine. Je vous demande de faire contrôler les embarquements par le personnel qualifié du Sénat et de la Chambre.
> Sentiments respectueux.
> F. DARLAN[15].

Il s'agit bien d'un départ organisé par le ministère de la Marine pour les parlementaires, en vue de rejoindre en Afrique du Nord le gouvernement replié. La propagande ultérieure de Vichy martèlera pourtant que le *Massilia* n'a été qu'un moyen pour des élites paniquées de fuir la métropole.

L'attente le soir du 19 juin devient insupportable, l'inquiétude gagne les parlementaires qui craignent un énième retournement de situation à l'initiative du gouvernement, toujours sans réponse des Allemands et des Italiens sur les conditions de l'armistice. Dans la nuit, Bordeaux est bombardé, ajoutant à la confusion et à la certitude qu'il faut désormais évacuer la capitale girondine : comment imaginer que l'on puisse négocier sérieusement un arrêt des combats si le gouvernement est sous le feu de l'ennemi ?

Au même moment, à Paris, où la Wehrmacht est entrée sans résistance le 14 juin, l'appartement de Georges Mandel est perquisitionné et pillé durant deux jours entiers, les 18 et 19 juin, par les Allemands, qui ont visé en priorité leur opposant français le plus farouche, avant de fouiller les domiciles de Paul Reynaud, de Léon Blum et d'Édouard Daladier[16].

CHAPITRE 2

Le piège du *Massilia*

20-27 juin 1940

Le départ des parlementaires

Le 20 juin au matin, un conseil des ministres est convoqué en urgence. Malgré les réserves de Pétain et de Weygand, il permet de confirmer le départ du gouvernement vers Perpignan. Pomaret, le ministre de l'Intérieur, prend des mesures de réquisition à Perpignan pour y installer le président de la République, les ministres et les présidents de chambres. Darlan fait placarder un avis dans les locaux de la Chambre des députés et du Sénat : il confirme que les parlementaires devront, eux, embarquer sur le *Massilia*. Pourtant, la route maritime de l'Atlantique est bien moins sûre que la traversée de la Méditerranée : des avions allemands ont peu avant largué des mines magnétiques dans l'estuaire de la Gironde. C'est d'ailleurs pour cette raison que le *Massilia* doit rester au Verdon, en bout d'estuaire, et ne peut finalement remonter jusqu'à Bordeaux. Les parlementaires sont incités à se rendre au Verdon dès que possible dans l'après-midi pour embarquer, mais une fracture s'opère parmi eux : les plus convaincus de la nécessité de poursuivre le combat organisent leur départ, tandis que les indécis et les partisans de l'armistice, chauffés à blanc par Laval, se préparent à rester en métropole.

Dans l'après-midi, nouveau rebondissement : Pétain convoque un énième conseil de cabinet et retarde encore une fois le départ du président de la République et du gouvernement, alors que les parlementaires désireux de rejoindre l'Afrique du Nord sont déjà en route pour Le Verdon.

Le *Massilia*, un imposant paquebot de cent soixante-seize mètres surmonté de trois hautes cheminées, est arrivé dans l'estuaire de la Gironde le 18 juin. Réquisitionné depuis 1939, il est chargé du transport de troupes entre l'Afrique et la métropole. L'équipage espère rejoindre Bordeaux pour une escale de quelques jours : après plusieurs semaines en mer, les matelots - pour la plupart originaires de Gironde - y voient l'occasion de revoir leurs familles. Grande est leur déception lorsqu'on donne pour instruction de maintenir le paquebot prêt à partir dans le port du Verdon.

Georges Mandel fait partie des premiers parlementaires à prendre la route vers la côte atlantique le 20 juin : il sillonne en silence le Médoc, sa terre d'élection, qu'il connaît si bien. Arrivé au Verdon avec Béatrice Bretty et Claude, il fait préparer ses lourdes malles. Édouard Herriot, le président de la Chambre des députés, a fait lui aussi porter ses bagages sur le port, mais on apprend qu'il n'embarquera finalement pas sur le *Massilia*. Mandel saisit que l'absence d'Herriot peut être lourde de sens : la Chambre ne se déplace plus symboliquement en corps constitué vers l'Afrique. Il reste néanmoins déterminé, et bavarde sur le port avec Pierre Mendès France, jeune député radical de trente-trois ans et officier aviateur mobilisé depuis 1939, qui trouve Mandel « imperturbable et secret, comme à l'ordinaire[1] ». L'ancien ministre de l'Intérieur lui révèle qu'il quitte aussi Bordeaux sur demande de Pétain, car sa présence pourrait supposément y provoquer des incidents. « Ce faisant, Pétain devançait, sans s'en douter, le désir secret de Mandel[2] » qui n'attend qu'une chose : reconstituer gouvernement et Parlement sur un territoire libre en vue de poursuivre le combat.

En fin de journée, l'embarquement sur le *Massilia* n'est pas de tout repos : les matelots, excédés de devoir repartir vers l'Afrique du Nord, lancent des propos hostiles aux notables, dont ils pensent qu'ils fuient la métropole[3]. Après avoir emprunté le bac pour rejoindre le paquebot dans la rade, les passagers sont obligés de porter eux-mêmes leurs bagages face à l'animosité de l'équipage, qui menace de refuser d'appareiller : les marins, sans nouvelles de leurs familles depuis près de trois semaines, viennent d'apprendre que Bordeaux a été bombardé et qu'il y a eu des morts. César Campinchi, député de Corse et ancien ministre de la Marine, est chargé de parlementer : il explique à l'équipage que le gouvernement part pour Alger et que les parlementaires suivent ses instructions pour l'y rejoindre. Impassible, Mandel clôt ainsi l'incident : « Tout cela ne changera rien. Nous partons pour trois ou quatre ans de résistance[4]. »

Le commandant du *Massilia* exige, lui, d'avoir un ordre écrit pour appareiller. Dans l'attente, le navire reste immobile. L'instruction n'arrive que le lendemain, le 21 juin, à 13 heures, après qu'on a fait embarquer un renfort de fusiliers marins pour s'assurer que la discipline soit maintenue à bord. Le *Massilia* quitte le mouillage à 14 heures, tandis qu'à Bordeaux, le gouvernement a de nouveau reporté son propre départ. Darlan ne fait pourtant rien pour retenir les parlementaires en métropole. Finalement, seuls vingt-sept parlementaires ont rallié le *Massilia* – un sénateur et vingt-six députés dont Jean Zay, Pierre Mendès France, Édouard Daladier, César Campinchi, André Le Troquer et Georges Mandel. Certains sont inquiets d'être aussi peu nombreux. Mandel, toujours confiant, leur répond que c'est assez, et que « c'est même trop pour constituer un gouvernement[5] » !

Le *Massilia* au Verdon, le 21 juin 1940. © Archives nationales (France), fonds Jean Zay, 667AP/141

La destination du *Massilia* est finalement le Maroc, et plus précisément le port de Casablanca. La traversée s'annonce chaotique : le bateau est obligé de longer la côte pour rejoindre le golfe de Gascogne afin d'éviter les mines magnétiques larguées dans l'estuaire. Lorsque le paquebot dépasse la Galice, c'est le soulagement parmi l'équipage et les passagers : ils sont désormais hors de portée des sous-marins ennemis.

En dehors de quelques sorties sur la passerelle avec Campinchi, Mandel passe la traversée dans sa cabine, évitant les conversations qui vont bon train entre les parlementaires. Le gouvernement est-il bien en route vers Perpignan ? Parviendra-t-on à résister depuis l'empire ? Les Anglais seront-ils au rendez-vous comme ils l'ont promis ? Les liaisons radio sont officiellement coupées par sécurité, empêchant d'obtenir toute nouvelle de la métropole.

L'armistice

Le 22 juin, dans la soirée, une nouvelle parvient pourtant au commandant par radio : le gouvernement Pétain est resté à Bordeaux et il a signé l'armistice. C'est la stupeur lorsque les passagers, réunis dans les salons, en sont informés. Mandel, qui est resté dans sa cabine, doit être averti. C'est le député des Ardennes Gabriel Delattre qui s'en charge : il frappe à la porte, avant d'annoncer la mauvaise nouvelle à l'ancien ministre, encore en faux col et porteur de ses immuables gants gris. Lorsqu'il l'apprend, Mandel fulmine, et désigne de la main sa grande malle noire, qu'il a fallu laisser dans le couloir du fait de sa taille : « Celui-ci les accuse et les méprise ! » Delattre retourne vers les salons et indique à ses collègues : « J'ai vu Mandel. Je ne sais pas ce qu'il a, il déraisonne. Il m'a montré sa malle en tenant des propos incompréhensibles[6] ! » Les parlementaires interloqués apprendront quelque temps après que dans la malle se trouve un lourd buste en bronze de Clemenceau, dont Mandel ne se sépare jamais.

Le lendemain, les députés du *Massilia* se réunissent pour transmettre un message commun au président de la Chambre : ils indiquent souhaiter que le *Massilia* fasse retour à Bordeaux, afin d'y remplir leur devoir, puisque le gouvernement s'est maintenu en métropole. Mais le commandant refuse de transmettre le message, se réfugiant derrière le risque d'être repéré par les sous-marins allemands. Les passagers apprennent en outre, consternés, que Pierre Laval et Adrien Marquet, les conspirateurs du camp de l'armistice, viennent d'entrer au gouvernement. L'hypothèse d'une résistance organisée depuis l'Afrique du Nord s'éloigne, et les relations avec la Grande-Bretagne risquent de bientôt se détériorer.

Le *Massilia* accoste à Casablanca le 24 juin 1940, à 7 h 30. Le général Noguès, commandant en chef en Afrique du Nord, se trouve à Alger, ce qui lui évite opportunément d'accueillir les parlementaires du *Massilia*. Alors qu'il a donné des gages quant à sa volonté de résister les jours précédents, il a fait volte-face et s'est en définitive incliné devant la décision du gouvernement de signer l'armistice et de mettre fin aux combats, dès lors que son territoire, l'Afrique du Nord, est préservé. Noguès délègue à son représentant, Jean Morize, le soin d'organiser l'arrivée du *Massilia* et de ses encombrants passagers à Casablanca. Le diplomate s'entretient avec les parlementaires sur le bateau, et en premier lieu avec Georges Mandel. On exige de Morize qu'il détaille les conditions d'armistice. Les passagers souhaitent rester groupés et espèrent que le *Massilia* va appareiller pour repartir vers la métropole. Mandel, lucide, ne se fait aucune illusion : « Pétain et Laval ont été contents de notre départ. Nous ne les avons pas gênés. Ils ne tiennent pas à nous revoir[7]. »

On autorise les parlementaires à quitter provisoirement le paquebot s'ils le souhaitent : Daladier et Mandel obtiennent de se rendre à Rabat en voiture le jour même, pour se renseigner sur la situation à la résidence générale, bien que Noguès y soit annoncé absent. Daladier s'entretient avec Mme Noguès, tandis que Mandel souhaite rencontrer le consul général de Grande-Bretagne à Rabat. C'est le directeur de la sécurité publique au Maroc, Georges Fourneret, qui se charge d'accompagner son ancien ministre de tutelle jusqu'à l'emprise diplomatique, où le consul général Hurst accepte volontiers de recevoir Mandel. L'entretien est court, mais il permet d'informer Londres que des parlementaires français sont arrivés au Maroc et qu'ils souhaitent poursuivre le combat depuis l'empire. Mandel sait que Churchill l'apprécie et que le message ne sera pas ignoré. Il est alors loin d'imaginer que cet entretien va causer sa perte. Après avoir pu converser avec Noguès par téléphone depuis la résidence générale, Daladier et Mandel sont raccompagnés à bord du *Massilia,* où les passagers sont priés d'attendre de nouveaux ordres.

L'ultime tentative britannique

Conscient qu'il reste une carte à jouer, le gouvernement anglais décide le 25 juin d'envoyer son ministre de l'Information, Duff Cooper, à Rabat. Il a pour mission de prendre attache avec les passagers du *Massilia* et de les convaincre de constituer un gouvernement français de résistance depuis l'Afrique du Nord - un moyen pour Churchill de s'assurer que la flotte française pourra être maintenue dans le camp allié et qu'elle ne tombe point entre les mains ennemies, sa plus grande hantise.

Duff Cooper arrive par surprise à Rabat en hydravion le 25 juin en fin de journée, accompagné par Lord Gort, un éminent général britannique. Apprenant la nouvelle, Morize va à la rencontre de Cooper et, sur les instructions de Noguès, lui enjoint de ne prendre aucun contact avec les parlementaires du *Massilia*. L'émissaire anglais insiste pour que la piste d'un gouvernement de résistance en Afrique du Nord soit étudiée avec les députés en sursis, avant de consentir à repartir vers Gibraltar dès le lendemain matin. L'initiative britannique est un échec complet, et le général Noguès a désormais choisi son camp.

Le même jour, Mandel se rend à l'agence Havas de Casablanca pour disposer d'informations de la métropole. Le soir, alors qu'il s'apprête à débarquer avec Béatrice Bretty et Claude pour loger à l'hôtel Transatlantique où il a pris une réservation, il en est empêché par la police, qui lui indique qu'il doit rester à bord « pour sa sécurité ». Les autres passagers du *Massilia* sont logés à la même enseigne, et le paquebot reçoit l'ordre de mouiller dans la rade, afin d'éviter toute fuite et le moindre contact avec d'éventuels émissaires extérieurs.

Le 26 juin, le général Weygand télégraphie à Noguès : « Faites surveiller les agissements de M. Mandel et avisez-moi sans aucun retard s'ils sont contraires aux décisions du gouvernement[8]. » Le résident général est persuadé que Georges Mandel est à l'initiative de la venue de Cooper à Rabat et qu'il veut constituer un gouvernement dissident. Reclus sur le *Massilia*, les parlementaires réalisent qu'ils sont *de facto* soumis à une forme de détention arbitraire. Surtout, ils comprennent que Noguès a définitivement abandonné l'idée de résister et fait allégeance à Pétain : il rend compte au gouvernement par télégramme de chaque péripétie de ce 26 juin et obtient un satisfecit de Bordeaux. « Je vous félicite vivement de l'attitude que vous avez prise et des mesures que vous avez adoptées. Le maréchal Pétain est d'accord pour que le *Massilia* soit privé de communications avec l'extérieur[9] », lui télégraphie le ministre des Affaires étrangères Paul Baudouin.

À Londres, le conseil des ministres est réuni pour écouter Duff Cooper à peine rentré : il indique qu'il n'y a plus rien à faire en Afrique du Nord et que les politiques du *Massilia* ne sont plus libres. Churchill n'a désormais plus qu'une obsession : « Dégager la flotte française des griffes allemandes[10]. » L'attaque de Mers el-Kébir le 3 juillet, lors de laquelle la Royal Navy coulera une escadre française et fera près de mille trois cents morts, sera une conséquence directe de l'insuccès du 25 juin.

À Rabat, Morize demande des ordres : que doit-il donc faire de ces parlementaires bloqués sur le paquebot depuis deux jours ? Le général Noguès lui répond en fin de journée le 26 juin, ce qui permet à Morize de répercuter l'instruction au commissariat du port de Casablanca : « Aucun inconvénient à la descente à terre de Messieurs les Parlementaires (instructions spéciales concernant M. Mandel ont été données au général Michel). Les mesures qui ont dû être prises l'ont été d'abord pour raisons politiques[11]. » Le général Michel est le commandant militaire du palais Bourbon qui a embarqué sur le *Massilia* le 20 juin, pensant qu'Édouard Herriot ferait partie du voyage. Georges Mandel, lui, fait l'objet désormais de consignes particulières, qu'il va découvrir dès le lendemain.

Revenu à quai le soir du 26 juin à la suite du télégramme de Morize, le *Massilia* reste isolé jusqu'au matin du 27 juin. Le débarquement des passagers est alors progressivement organisé, sous les quolibets de militants du Parti populaire français (PPF) de Jacques Doriot utilement mobilisés pour huer les passagers. « Vendus ! Lâches ! Déserteurs ! » : déjà la propagande instillée depuis Bordeaux produit-elle ses premiers effets, en faisant passer les parlementaires du *Massilia* pour des fuyards.

À 10 heures, alors que les passagers empruntent une chaloupe pour rejoindre le quai, un inspecteur de police hurle depuis le quai : « Tout le monde peut débarquer, sauf Monsieur Mandel[12]. » Imperturbable, l'intéressé quitte le bateau, portant dans les bras son précieux buste en bronze de Clemenceau en tenue de tranchée, suivi par Claude, Béatrice Bretty et Baba Diallo[13]. À son arrivée sur le quai, l'inspecteur demande qu'on le suive. Mandel proteste, exige de se voir présenter un ordre écrit, en vain. Il est accompagné vers le commissariat du port dans une voiture de police, où ses bagages sont entreposés. Les autres passagers, qui ont pu débarquer librement, assistent à la scène, atterrés[14].

L'instant est décisif. À Casablanca, le 27 juin 1940, Georges Mandel perd de manière définitive sa liberté d'aller et de venir. Au commissariat du port, Mandel exige de parler au supérieur des policiers présents. Il obtient de joindre par téléphone le commissaire Georges Fourneret, directeur de la sécurité publique du Maroc, qui l'a emmené quelques jours plus tôt au consulat de Grande-Bretagne à Rabat. Mandel est furieux, exige des explications de Fourneret, et veut connaître les motifs de son arrestation, qu'il juge illégale. Le commissaire, peu à l'aise face à son ancien ministre, balbutie quelques mots d'excuses sans donner davantage d'explications. Mandel lui rétorque sèchement : « Monsieur le directeur, je vois aujourd'hui ce que vous valez comme fonctionnaire et j'en prends note. Je vous révoquerai. Ce sera dans six mois ou dans six ans, mais je vous révoquerai[15]. »

Dans son emportement légitime, Georges Mandel fait pourtant erreur sur l'homme qu'il conspue. Fourneret sera révoqué par le gouvernement de Vichy dès septembre 1940, avant de rejoindre Dijon où il intégrera un réseau de Résistance. Arrêté en août 1944 par les Allemands, le commissaire Fourneret mourra en déportation en 1945.

Mandel demande par la suite à rencontrer Morize. N'étant retenu par aucune mesure judiciaire et citoyen français, il estime avoir le droit de rentrer en France. Morize, gêné, lui indique : « C'est une situation particulière. Je ne veux pas prendre cela sur moi. Je vais en référer au gouvernement. » Mandel répond : « Monsieur le secrétaire général, j'ai toujours aimé les fonctionnaires qui savent prendre des initiatives et qui ne s'abritent pas constamment derrière leurs chefs. Je vois que vous êtes d'une autre catégorie[16]. »

CHAPITRE 3

La machination

Afrique du Nord
27 juin - 9 septembre 1940

En résidence forcée

À Casablanca le 27 juin, Georges Mandel est informé qu'il va être placé en résidence surveillée à Ifrane, une station montagneuse de l'Atlas, située à mille six cents mètres d'altitude. Le général Noguès a pris l'initiative d'envoyer l'ancien ministre dans une zone isolée, d'où il sera facile de maîtriser la moindre tentative de fuite. Craint-il une nouvelle action des Britanniques pour emmener Mandel, alors même que ce dernier a refusé à plusieurs reprises de se rendre à Londres ? Ou, plus sûrement, veut-il éviter que Mandel ne rentre en métropole perturber le cours des choses ?

Béatrice Bretty, la petite Claude et Baba Diallo accompagnent l'homme désormais entravé. Ils sont installés à l'hôtel Marhaba - qui, ironie de l'histoire, signifie en arabe « bienvenue » -, dans le centre du village. Noguès télégraphie à Weygand, ministre de la Défense nationale, le soir du 27 juin : « J'ai envoyé M. Mandel en résidence forcée à Ifrane, station de montagne isolée au sud de Meknès, où il restera soumis à une étroite surveillance[1]. »

Mandel, toujours furieux d'être retenu sans raison valable, fait envoyer un télégramme au président de la République et aux présidents de la Chambre des députés et du Sénat, sans que l'on sache s'il parvient à ses destinataires :

> Me permets vous faire savoir qu'à mon arrivée à Casablanca où je m'étais rendu avec mes collègues du Parlement, sur invitation de la Chambre des Députés, ai été sans l'ombre d'un prétexte envoyé en résidence forcée à Ifrane, dans le sud marocain. Vous demande respectueusement bien vouloir intervenir pour faire cesser ce monstrueux acte d'arbitraire et m'obtenir autorisation de rentrer en France, fût-ce pour y être jugé, si l'on croit pouvoir me reprocher délit ou crime quelconque.
> Votre dévoué : Georges Mandel[2].

Il fait aussi savoir aux inspecteurs chargés de sa surveillance que son état de santé n'est pas compatible avec un hébergement en altitude, redoutant par-dessus tout le froid de l'Atlas, lui qui se trouve si frileux. Le 29 juin, Mandel réitère ses protestations en écrivant au contrôleur civil du secteur au sujet de sa famille :

> Mme Bretty qui a bien voulu m'accompagner jusqu'ici est assez souffrante et désire repartir avec mon enfant. Je veux croire que ce départ ne rencontrera aucune difficulté, car la mesure de force dont je suis l'objet ne saurait atteindre à aucun degré des tiers dont le seul crime est de m'être attaché. Il n'y a pas de raison, à moins que vous ayez décidé de les assassiner, pour que, malgré leur état de santé, vous les

obligiez à rester en un lieu désert où ils ne peuvent même pas se soigner[3].

Mandel obtient gain de cause le 30 juin : il est autorisé à rejoindre les autres parlementaires du *Massilia*, qui ont entre-temps quitté Casablanca pour Alger. Il est escorté par la police marocaine jusqu'à Oujda, ville-frontière avec l'Algérie. Puis, le 1er juillet, il prend le train de 06 h 20 vers Alger, cette fois encadré par la police algérienne, espérant qu'un rapatriement en métropole leur sera proposé.

Il s'installe avec ses proches à l'hôtel Aletti, un grand établissement du centre-ville, et retrouve d'autres députés qui y ont élu domicile. Le régime de la résidence surveillée lui reste applicable : des policiers sont implantés au pied de l'hôtel jour et nuit. Ses moindres faits et gestes font l'objet de comptes rendus ; ses visiteurs et ses sorties font l'objet d'un rapport quotidien transmis au gouverneur général d'Alger. On y apprend que le 4 juillet, Georges Mandel se rend dans une librairie pour acheter des livres, puis à l'agence Havas pour prendre connaissance du texte détaillé des conditions de l'armistice et adresser un télégramme à Paul Reynaud, récemment victime d'un dramatique accident automobile dans le sud de la France[4]. Il est suivi dans chacun de ses déplacements par des agents qui ne prennent pas la peine de se cacher.

Les parlementaires, qui ont appris que le gouvernement était désormais replié à Vichy, multiplient les démarches dès le 5 juillet pour obtenir de revenir en métropole, d'autant plus vigoureusement lorsqu'on les informe que le Parlement va être convoqué à Vichy. Le gouverneur général à Alger, Le Beau, appuie les demandes auprès du gouvernement, soucieux de ne pas conserver trop longtemps ces voyageurs encombrants sur son territoire. Mais Adrien Marquet, le nouveau ministre de l'Intérieur, s'y oppose : les députés et sénateurs du *Massilia* doivent rester à Alger dans l'attente d'instructions, prétextant un ordre exprès des Allemands, et Mandel doit être maintenu sous le régime de la résidence surveillée. Le plan fixé par le gouvernement de Vichy est limpide : il faut à tout prix empêcher les hommes du *Massilia* de revenir à temps pour la session parlementaire programmée le 10 juillet. Leurs multiples protestations écrites adressées à la métropole n'y font rien : contrairement aux parlementaires d'Algérie, ils ne sont pas autorisés à quitter l'Afrique du Nord.

Le 8 juillet, Mandel, lucide, déclare au sénateur Michel Tony-Revillon :

> Il est inadmissible que le gouvernement français accepte que la commission d'armistice s'occupe de notre retour en France. En réalité, le gouvernement craint notre opposition et notre vote à l'Assemblée nationale et il nous empêche de nous rendre à Vichy. Il se fait couvrir par les Allemands[5].

Le même jour, Noguès reçoit un télégramme du ministère de la Défense nationale :

> Faites immédiatement ouvrir devant le tribunal militaire permanent de Casablanca une information contre X pour atteinte à la sûreté extérieure de l'État. Cette information pourra être transformée dès la clôture de la session parlementaire en information visant expressément M. Mandel[6].

Son entretien avec le consul général de Grande-Bretagne le 24 juin est le prétexte retenu par le gouvernement pour éliminer politiquement un rival considéré comme dangereux et susceptible d'organiser la résistance depuis l'Afrique du Nord, comme de Gaulle le fait déjà à Londres.

Le 9 juillet, les parlementaires, en attente d'une réponse sur leur date de retour, sont réunis, comme la veille, à la villa Foa, à Alger. Mandel harangue ses collègues, toujours aussi opposé à la politique entreprise par le gouvernement Pétain : « Je suis de plus en plus persuadé de la victoire des Britanniques[7]. » Alors qu'un autre parlementaire lui objecte que cette victoire pourrait prendre plusieurs années et entre-temps imposer des sacrifices immenses aux Français, Mandel rétorque :

> Cet argument pour moi n'a aucune valeur. En effet, la moitié de la France est occupée et les deux tiers des Français métropolitains sont sous la botte allemande. En faisant l'armistice, le gouvernement français a retardé la victoire des démocraties et prolongé par conséquent l'occupation de la France et la souffrance des Français des régions envahies. Quant aux régions non occupées, elles seront presque aussi malheureuses. Les commissions allemandes ne seront pas inactives. Les Allemands ont besoin de vivres, de métaux. Il faut être très naïf pour croire que nos envahisseurs n'exigeront pas du gouvernement du maréchal tout ce dont ils auront besoin. Et le maréchal qui a l'allure et la tête d'un père noble, mais qui n'a pas de caractère, cédera tout avec dignité. La France non occupée connaîtra peu à peu le sort de la Belgique, de la Hollande et de la Norvège, mais alors que les gouvernements de ces

> pays auront la gloire de participer à la victoire, le maréchal Pétain aura la honte d'avoir fait cesser le combat et d'avoir déclaré la France vaincue, alors qu'avec de la ténacité, la France aurait été victorieuse. Il fallait continuer la guerre en Afrique pour l'honneur de la France. Il fallait aussi la continuer par humanité pour réduire la durée de la guerre mondiale, la souffrance des prisonniers et des populations[8].

Au sujet de la flotte, alors qu'une escadre de la marine française a été coulée par les Anglais à Mers el-Kébir six jours plus tôt, Mandel estime qu'elle a été livrée par Pétain à l'ennemi, et ajoute :

> Nos navires de guerre doivent rejoindre, d'après l'article 8 de la commission d'armistice, les ports français de la métropole. On les désarmera, et ils seront alors à la merci d'un bombardement aérien allemand, à moins qu'Hitler préfère s'en emparer[9].

C'est avec stupeur que les parlementaires maintenus à Alger apprennent le déroulé de la session parlementaire du 10 juillet à Vichy : les pleins pouvoirs sont accordés à Philippe Pétain, enterrant *de facto* la IIIe République. N'y trouvent-ils pas la preuve d'un véritable complot orchestré dès l'épisode de Bordeaux par Laval et ses lieutenants pour renverser la République ? Éloignés depuis leur embarquement sur le *Massilia* le 21 juin, ils ont assisté, impuissants, à la signature de l'armistice et au refus du gouvernement Pétain de se replier en Afrique du Nord, malgré les promesses tenues.

Le 15 juillet, Mandel et Bretty sont autorisés à se rendre à Blida, à une cinquantaine de kilomètres d'Alger, suivis d'un inspecteur de la Sûreté générale. Ils visitent les jardins publics puis ne manquent pas de se promener place Clemenceau, avant de rentrer à Alger. Le policier note mécaniquement sur son rapport qu'« aucun incident ni mouvement de curiosité ne se sont produits[10] ». Le 17 juillet, les parlementaires reçoivent enfin l'autorisation de quitter Alger et de rentrer en métropole. Camille Perfetti, le questeur de la Chambre des députés, est chargé d'annoncer la nouvelle à ses collègues. Mandel l'interroge :

« Il n'y a pas d'exception ?
— Si...
— Je m'en doutais[11] ! »

Mandel comprend qu'il va être retenu en Algérie, au contraire des autres parlementaires. « Il faut s'arc-bouter aux Anglo-Saxons ! Bon voyage, messieurs[12] », leur lance-t-il désabusé. Tony-Revillon lui rend une visite d'adieu. La surveillance autour de Mandel s'est renforcée à l'hôtel Aletti, où des policiers sont désormais placés devant la porte de sa chambre. Un inspecteur conduit le sénateur à Mandel, qui lui dit :

> Je cherche quel est mon crime ou mon délit. Je pense cependant qu'on m'arrêtera prochainement. On ne me pardonne pas d'être resté fidèle à la politique traditionnelle de la France, d'avoir voulu que notre pays demeurât fidèle à ses engagements internationaux, d'avoir voulu poursuivre

la lutte aux côtés des démocraties, de croire et de dire que l'Angleterre avec l'aide de l'Amérique gagnera la guerre[13].

Un bateau appareille le 18 juillet dans le port d'Alger pour emmener les parlementaires autorisés vers Marseille, laissant Mandel seul en Afrique du Nord.

Les poursuites au Maroc

Entre-temps, le nouveau régime installé à Vichy s'est assuré que les poursuites prescrites dans le télégramme du 8 juillet ont pu être engagées. Le tribunal militaire de Casablanca est dessaisi le 11 juillet, au profit de celui de Meknès, dont on réalise tardivement qu'il dispose d'une compétence exclusive en matière d'atteinte à la sûreté de l'État depuis 1939. Le 15 juillet, la session parlementaire est officiellement clôturée, permettant au général Weygand de télégraphier à Noguès : « INCULPEZ MANDEL IMMÉDIATEMENT[14]. » On ne veut pas perdre une minute pour neutraliser un adversaire politique jugé dangereux. Le commissaire du gouvernement, le colonel Bazin, s'exécute le jour même : il demande au juge d'instruction militaire du tribunal de Meknès que soit pris « un ordre d'informer pour atteinte à la sûreté extérieure de l'État contre M. MANDEL Georges, député de la Gironde, [...] actuellement en résidence en Algérie[15] ».

La machine judiciaire se met en branle à Meknès, où le tribunal militaire se trouve contraint de relever des éléments factuels afin que la qualification d'atteinte à la sûreté de l'État puisse être retenue contre Mandel, conformément aux instructions expresses reçues de Vichy. Le juge militaire désigné, Joulin, procède à une première audition du général Noguès et de Jean Morize dès le 17 juillet. Les deux hommes se prêtent à l'exercice après que le zélé Noguès en a reçu l'autorisation de son ministère et ils donnent leur version du déroulé des derniers jours du mois de juin. Ils soulignent que Georges Mandel a pris contact avec le consul général britannique à Rabat et que Duff Cooper est venu le lendemain rencontrer l'ancien ministre : il n'en faut pas plus pour étayer une trahison !

Georges Mandel est informé le 21 juillet de sa prochaine convocation devant la justice militaire. On vient lui notifier à l'hôtel Aletti une citation à comparaître pour une première audition prévue le 23 juillet à Meknès[16]. Il lui est reproché d'avoir rencontré *secrètement* le consul britannique le 24 juin et tenté d'entrer en contact avec le gouvernement anglais par l'entremise de Duff Cooper le 25, puis d'avoir voulu embarquer sur un contre-torpilleur britannique. Le juge est au même moment remplacé : Joulin est écarté, au profit du colonel Loireau, un magistrat militaire de carrière.

Le 22 juillet, Mandel quitte Alger en train, escorté par un commissaire et un inspecteur de police. Il fait étape à Oujda le soir, et n'arrive à Meknès que le lendemain, où il est logé à l'hôtel Continental. Béatrice Bretty et Claude demeurent à Alger, tandis que Baba Diallo a suivi l'ancien ministre au Maroc.

Le 23 juillet, le juge Loireau auditionne Mandel, et lui expose brièvement les faits reprochés. Mandel s'insurge : « Je m'élève avec la dernière énergie contre cette accusation aussi ridicule que fantaisiste[17]. » Loireau ne l'interroge pas sur le fond du dossier au cours de cette audience de première comparution et ordonne sa mise en liberté, jugeant que l'inculpé « offre des garanties suffisantes de représentation[18] ». Il faut dire que c'est « avec une certaine stupéfaction que [le juge a] constaté l'extrême maigreur de ce soi-disant dossier[19] ». Noguès, surpris par la décision de Loireau qu'il espérait plus ferme, décide néanmoins de maintenir à l'égard de Mandel le régime de la résidence surveillée « qui a tout autant pour but de contrôler ses relations avec l'extérieur que de le protéger contre tout incident[20] ».

Le juge Loireau reconvoque Mandel dès le lendemain, le 24 juillet, et détaille les éléments retenus contre lui, qui se résument aux événements de Rabat les 24 et 25 juin précédents, et qui pourraient constituer des faits d'intelligence avec les agents d'une puissance étrangère. Une nouvelle fois, l'ancien ministre réfute énergiquement les accusations portées contre lui.

Afin d'y voir plus clair, le magistrat décide d'organiser une confrontation le 26 juillet entre Mandel et Morize. En préambule, le collaborateur de Noguès affirme que Georges Mandel s'est rendu au cercle israélite de Casablanca le 26 ou le 27 juin avec Jean Zay et César Campinchi. Le sous-entendu antisémite est évident, la manœuvre grossière. Surtout, l'affirmation est fausse. Mandel indique ne s'y être jamais rendu et ignorer l'existence même de ce cercle, rappelant qu'à ces dates il ne pouvait aucunement circuler librement à Casablanca. Quant à sa visite au consulat britannique, il observe :

> Je ne pouvais pas avoir l'idée de partir du Maroc pour l'Angleterre, alors qu'il n'avait dépendu que de moi d'aller de France en Angleterre. D'ailleurs, dès mon arrivée à Casablanca, je me suis enquis des conditions dans lesquelles je pouvais revenir immédiatement en France[21].

La confrontation tourne à la confusion : Morize, agissant vraisemblablement sur ordre, mais incapable de porter le moindre grief sérieux contre Mandel, en sort ridiculisé face à l'ancien ministre. On agite néanmoins auprès du juge l'existence de télégrammes diplomatiques adressés depuis l'ambassade britannique à Rabat vers Londres à la fin juin : n'y a-t-il pas dans ces documents la preuve d'un complot ourdi contre le gouvernement Pétain par Georges Mandel, qui aurait demandé la venue de Cooper au Maroc ? Mais les télégrammes sont chiffrés : Loireau adresse une réquisition au ministère de la Guerre en vue de les faire déchiffrer au plus vite. Las, aucun service de renseignement n'est en mesure de décrypter les messages dans l'immédiat.

L'enquête s'enlise, et le juge veut même autoriser Mandel à se rendre à Alger auprès des siens. Mais le 29 juillet, sentant que Loireau se révèle plus indépendant que prévu, Noguès intervient et télégraphie à Vichy :

> L'instruction est conduite par juge instruction Meknès dans conditions qui nous préoccupent un peu, le commissaire du gouvernement et moi. Le 27 juillet, apprenant qu'il avait engagé de laisser l'inculpé en liberté provisoire sans obligation de séjour à Meknès, j'avais signifié au général commandant la région que M. MANDEL était en résidence

> forcée et surveillée dans cette ville. Malgré cela, le juge d'instruction lui a délivré depuis une attestation déclarant qu'il pouvait aller à Alger. [...] L'officier de justice militaire Loireau qui paraît un peu hésitant, s'agissant d'un inculpé dont les moyens ont la réputation d'être redoutables, pourrait être utilement averti par vos soins de l'intérêt que vous portez à ce que l'instruction soit fermement poursuivie[22].

Le général ne peut être plus clair : il demande au ministère de la Défense nationale que des pressions directes soient exercées sur le magistrat militaire par sa hiérarchie. Noguès, convoqué à Vichy quelques jours plus tard, s'entretient avec le maréchal Pétain et Alibert, le garde des Sceaux, au sujet de l'affaire. C'est l'occasion pour Alibert de rappeler au général que l'instruction doit aller à son terme et déboucher sur une lourde condamnation[23].

Une nouvelle audition de Mandel est organisée le 31 juillet. L'inculpé demande au juge Loireau que soient versées au dossier toutes les communications relatives au voyage du *Massilia* et celles qui concernent le consul général britannique. Il réclame en outre que soient cités plusieurs hauts militaires en vue de recueillir leurs témoignages en sa faveur : les généraux Mordacq, de Lattre de Tassigny, Giraud et Gamelin[24]. En vain.

À Vichy, on s'inquiète : ne faut-il pas étendre les poursuites à des infractions qu'aurait pu commettre Mandel lorsqu'il était ministre, pour s'assurer de sa condamnation ? Une perquisition est menée au ministère des Colonies où sont saisis tous les documents relatifs à l'activité du ministre Mandel de 1938 à 1940. Un officier de justice militaire est diligenté le 2 août pour auditionner

Paul Devinat, directeur au sein de ce même ministère. Il procède à deux auditions de l'intéressé les 2 et 9 août, durant lesquelles Devinat ne fait que rapporter des rumeurs laissant à penser que Mandel aurait pu recevoir des fonds d'Angleterre pour défendre sa politique. Il accuse aussi Mandel d'avoir recouru à des emplois fictifs sur des fonds de promotion de la banane, et d'avoir détourné des deniers publics pour obtenir des articles de presse élogieux, mais toujours sans preuve[25]. Ces rumeurs et dénonciations, balayées par le juge Loireau dans les semaines suivantes, vont être néanmoins soigneusement conservées par le gouvernement pour être exploitées ultérieurement contre Mandel.

Le 8 août, Mandel est convoqué pour la cinquième fois devant le magistrat instructeur : on lui lit les retranscriptions d'écoutes téléphoniques datant de sa visite au consul général britannique à Rabat. Mandel rétorque qu'elles prouvent bien que la rencontre n'avait rien de secret et que Fourneret, le directeur de la sécurité publique, était présent. Loireau présente également à l'inculpé un « fatras » de documents, saisis lors de la perquisition au ministère des Colonies. Ils ont trait à l'utilisation de fonds ministériels de propagande : Mandel réagit « avec hilarité[26] », et constate qu'aucune de ces pièces n'a le moindre rapport avec l'instruction ouverte contre lui[27].

Après avoir multiplié en quelques jours les actes d'enquête et les auditions - preuve d'une rare célérité de la justice militaire -, l'instruction marque le pas. L'ancien ministre, apprenant que sa fille Claude est malade à Alger, demande à se rendre à son chevet. Le 20 août, le général Noguès refuse[28]. Il ordonne de maintenir la surveillance exercée sur Georges Mandel à Meknès : « Ses déplacements sont limités et se font sous la garde d'inspecteurs. Toutes ses communications sont contrôlées[29]. »

L'improbable non-lieu

Le juge Loireau doit se rendre à l'évidence : l'inculpation de Georges Mandel pour atteinte à la sûreté de l'État ne repose sur aucun fait tangible. L'accusation de mise en place d'un gouvernement rebelle au Maroc à la fin du mois de juin ne tient pas, tandis que le témoignage recueilli au ministère des Colonies ne fait ressortir aucune infraction rattachable à une atteinte à la sûreté de l'État.

Fin août, Loireau informe le commissaire du gouvernement, le colonel Bazin, qu'il va rendre un non-lieu au vu de la faiblesse du dossier. Ce dernier le met en garde contre les conséquences qu'aurait certainement une telle prise de position sur la carrière du juge militaire. Puis Bazin se rend immédiatement à Rabat pour en informer Noguès, avant de demander au juge le 6 septembre deux suppléments d'enquête, qu'il justifie par la nécessité d'attendre le déchiffrement des télégrammes anglais avant toute décision définitive. Loireau, qui perçoit la manœuvre dilatoire, refuse[30].

Le 7 septembre 1940, le colonel Loireau rend une ordonnance de non-lieu en faveur de Georges Mandel : il estime que « rien ne permet d'attribuer un but coupable [aux] contacts pris par l'inculpé avec les autorités consulaires britanniques[31] » à Rabat. Quant au voyage de Duff Cooper, le « désir de la part du gouvernement britannique d'étudier sur place [au Maroc] l'état des esprits et les possibilités de continuation de la lutte s'explique aisément, mais l'inculpé ne peut en être tenu pour responsable ». « Au surplus, il résulte de l'information que M. MANDEL, en embarquant le 21 juin sur le *Massilia*, était persuadé [...] que sa destination finale était ALGER, et s'il avait tenu à gagner l'Angleterre plutôt qu'un territoire français, la faculté lui en avait été donnée dès le 17 juin par M. le président HERRIOT. » Enfin, « même si le 24 juin, M. MANDEL avait envisagé de quitter le Maroc sur un contre-torpilleur britannique [...] ce qui est formellement contesté par l'inculpé, il ne saurait y avoir là un fait répréhensible, l'armistice n'étant pas encore signé[32] et ses clauses essentielles n'en ayant été rendues publiques que le 28 juin au Maroc[33] ».

La décision de Loireau est catégorique et constitue un véritable camouflet pour le général Noguès, et plus encore pour le gouvernement qui suit l'affaire avec la plus grande attention : aucun des actes commis par Mandel ne constitue la moindre infraction, qu'il s'agisse d'atteinte à la sûreté de l'État ou d'intelligence avec des agents d'une puissance étrangère.

L'ordonnance est aussitôt frappée d'opposition - une forme d'appel - par le commissaire du gouvernement, le colonel Jules Bazin, et, le 8 septembre, l'affaire est déférée devant le tribunal militaire de cassation d'Alger.

À Vichy, on ne tergiverse pas longtemps : l'instruction menée par la justice militaire au Maroc est un échec, et laisser prospérer une nouvelle procédure en appel à Alger présente des risques similaires d'enlisement. Le

9 septembre, le secrétariat d'État à la Guerre fait part de son analyse : regrettant « l'inopportunité » de l'ordonnance rendue par le juge Loireau, qui « a été dépassé par l'importance de cette affaire[34] », il convient de saisir la nouvelle Cour suprême de justice qui « devrait s'emparer, dans le plus bref délai possible, de cette affaire d'une si haute importance pour la sûreté de l'État[35] ». Créée par l'acte constitutionnel n° 5 du 30 juillet 1940, la Cour suprême de justice est une juridiction d'exception chargée de « juger les ministres et anciens ministres ayant trahi les devoirs de leurs charges[36] ». On n'oublie pas de censurer la presse au sujet du non-lieu marocain. Une consigne est diffusée le 9 septembre : « Ne rien laisser passer même sous forme d'allusion sur une décision de justice qui aurait été prise à Meknès à l'égard de M. Mandel » - auprès des rédactions, le pouvoir reconnaît par là même, de façon maladroite, qu'une importante décision a été prise à l'égard de Georges Mandel.

Quant à Loireau, on ne lui pardonne pas d'avoir rendu une décision contraire à ce qui était attendu de lui. Dès le 13 septembre 1940, il fait l'objet d'un arrêté de mise à la retraite d'office. Durant près d'un an, il ne perçoit aucun revenu pour subvenir aux besoins de sa famille, et doit vendre son mobilier et ses timbres de collection pour survivre. Fin 1941, il devient agent d'assurances, marqué surtout par la désaffection de ses anciens camarades, qui ne le fréquentent plus depuis l'annonce de sa mise au ban[37]. Le juge militaire ne sera réintégré dans l'armée qu'à la Libération.

Plusieurs mois après, Mandel commente ainsi dans ses notes la courageuse décision de Loireau :

La machination

[Le commissaire du gouvernement] s'est ingénié à le faire changer d'avis en lui représentant que, de son point de vue, il risquait de commettre une faute, une lourde faute, mais il ne put ébranler sa résolution. Et malgré toutes les sollicitations, il a rendu, le 7 septembre, résolu, une ordonnance de non-lieu. Résultat : quatre jours après, il était mis à la retraite. Je ne suis pas un juriste. Je ne sais pas si cette ordonnance n'était pas valable du seul fait que j'en étais le bénéficiaire, parce qu'elle n'avait pas l'heur de plaire aux maîtres du jour. Il ne me convient pas de rechercher ce qu'on aurait dit si de tels faits s'étaient produits sous la IIIe République, quand la Justice paraît-il n'était ni libre, ni indépendante, et qu'on souffrait d'une confusion de pouvoir... mais il est bien certain qu'elle a eu un effet[38].

CHAPITRE 4

Dans les geôles de Vichy

De Chazeron à Pellevoisin
10 septembre - 31 décembre 1940

Le rapatriement

En apprenant qu'il bénéficie d'un non-lieu à Meknès le 7 septembre 1940, Georges Mandel n'a pas le temps de se perdre en conjectures. Devenu l'homme à abattre, son sort est déjà scellé. Depuis les confidences de Loireau au commissaire du gouvernement à la fin du mois d'août, on s'affole à Vichy. Il faut trouver un nouveau moyen d'entraver Georges Mandel dans la perspective du non-lieu. On change pour cela de stratégie : après avoir maintenu l'ancien ministre loin de la métropole, le gouvernement va faire le choix de procéder à son rapatriement forcé. Dès le 3 septembre 1940, le ministère de l'Intérieur s'immisce dans le dossier jusqu'alors suivi par le ministère de la Défense nationale. L'Intérieur donne instruction au résident général à Rabat de « renforcer immédiatement et de manière très efficace la surveillance de M. Mandel[1] ».

Cette reprise en main est la conséquence de l'adoption, le même jour, d'une loi applicable aux « individus dangereux pour la défense nationale ou la sécurité publique » par le gouvernement de Vichy. On prévoit que les individus ainsi considérés puissent, « sur décision du préfet conformément aux instructions du gouvernement », être internés administrativement dans un établissement désigné par le ministre de l'Intérieur, « jusqu'à la date de cessation légale des hostilités[2] » – autant dire pour une durée illimitée. Le décret du 18 novembre 1939 est utilisé comme paravent juridique : adopté dans le contexte de la guerre sous la IIIe République, il permettait d'astreindre à résidence dans un centre ou dans un camp les individus dangereux, tant que l'*état de siège* était déclaré dans le département. Utilisé alors contre les ressortissants étrangers, en particulier allemands, et les communistes, considérés comme affiliés à l'ennemi depuis la signature du pacte germano-soviétique, le décret est repris par Vichy pour permettre l'internement d'opposants politiques, en y retirant deux conditions essentielles : la nécessité de se trouver en situation d'*état de siège* est supprimée, et la commission de vérification prévue en 1939 disparaît.

L'objectif de la loi du 3 septembre 1940 est précis : loin de chercher à enfermer une foule d'individus suspects comme en 1939, elle vise à permettre l'internement sous forme administrative de personnalités jugées dangereuses par la création d'un unique établissement dédié. Un simple arrêté préfectoral suffit pour emprisonner les intéressés, sans qu'une durée ne soit fixée et que le moindre appel ne soit possible. On envisage d'installer l'établissement d'internement à Riom, dans une caserne, avant de finalement opter pour un château délabré à Chazeron, dans le Puy-de-Dôme[3].

La loi est taillée sur mesure pour s'appliquer à Georges Mandel. Elle va permettre par la même occasion d'arrêter d'autres cibles de choix parmi le personnel politique de la IIIe République. Le 5 septembre, le ministre de l'Intérieur Adrien Marquet désigne un de ses éminents directeurs, Pierre Mondanel, inspecteur général de la police criminelle, pour se rendre toutes affaires cessantes au Maroc[4]. Il va être chargé du rapatriement de Mandel, en ayant pour instruction de le faire passer par l'Algérie. La loi du 3 septembre prévoit en effet que la mesure d'internement soit prise par un préfet : tatillon, le gouvernement considère qu'il faut donc transférer dans un premier temps l'intéressé du protectorat marocain vers un département français en Algérie[5].

Mondanel arrive à Rabat le 6 septembre, accompagné d'une délégation pléthorique composée de trois commissaires et de trois inspecteurs de police. Il demande au général Noguès qu'un arrêté d'expulsion du territoire marocain soit pris contre Mandel, dans le cas où celui-ci refuserait de suivre les policiers. Noguès, sans doute ravi de se débarrasser de l'encombrante personnalité, signe l'arrêté le 7 septembre, « considérant que la présence de cet individu sur le territoire de la zone française de l'Empire Chérifien est de nature à compromettre la sécurité de l'armée et du Protectorat[6] ». Dans le même temps, le préfet du département d'Oran se fonde sur la loi du 3 septembre pour signer l'arrêté d'internement de Georges Mandel tant attendu :

> M. Georges MANDEL sera interné administrativement au Château de Chazeron, commune de Loubeyrat (Puy-de-Dôme), établissement désigné par arrêté de M. le ministre de l'intérieur[7].

L'inspecteur général Mondanel notifie l'arrêté à l'ancien ministre le 7 septembre à Meknès[8]. Mandel ne proteste pas et se borne à demander : « À quelle heure partons-nous[9] ? » C'est en fin de journée que l'escorte monte dans le train pour Oujda, où elle fait étape pour la nuit à l'hôtel Terminus. Le 8 septembre, Mondanel et ses adjoints emmènent l'ancien ministre à Oran par la route. L'opération de rapatriement s'éternise, le départ pour la France n'étant programmé que le lendemain, par voie aérienne.

Le 9 septembre, alors qu'un avion attend la délégation à l'aéroport, Béatrice Bretty et Claude, venues d'Alger, sont autorisées à voir le prisonnier, sans néanmoins pouvoir monter dans l'appareil avec lui. Mandel et les policiers qui l'accompagnent s'envolent pour l'aérodrome de Maison-Blanche, à proximité d'Alger. Une étape y est en effet prévue pour changer d'avion. La délégation se rend ensuite à l'hydrobase de l'Agha, dans le port d'Alger, pour embarquer dans un hydravion en direction de Marignane à 12 h 50[10]. Georges Mandel prend l'avion pour la première fois de sa vie ce jour-là : lui, le promoteur du transport aérien de courrier en 1935, ne s'était jusqu'alors jamais aventuré dans les airs.

L'hydrobase de l'Agha dans le port d'Alger. © DR

À Marignane, Mandel est autorisé à envoyer un télégramme à Philippe Roques, fidèle collaborateur chargé de la presse depuis le ministère des Colonies :

> Juge instruction militaire vient de délivrer ordonnance non-lieu, mais malgré cela suis ramené métropole et serai demain soir au château Chazeron à Loubeyrat, près Châtelguyon. Serai heureux vous y voir au plus tôt, amitiés. Mandel[11].

Un autre appareil attend Mandel et son escorte sur le tarmac pour les transporter vers le Puy-de-Dôme. Mais l'ancien ministre est malade, et se déclare épuisé par le voyage qui dure depuis quarante-huit heures. Il demande à ce que le transfert se poursuive par la route, ce que Mondanel accepte, en prévoyant une étape supplémentaire, pour la nuit, à Valence[12]. Finalement, Georges Mandel et les policiers qui l'escortent parviennent à Chazeron le 10 septembre, après quatre jours d'un interminable périple.

Le décor médiéval de Chazeron

Le château de Chazeron est une vieille bâtisse délabrée, retenue le 4 septembre 1940 par le ministère de l'Intérieur pour accueillir l'établissement d'internement administratif prévu par la loi du 3 septembre. Il présente l'intérêt d'être situé à dix kilomètres seulement de Riom, où la nouvelle Cour suprême de justice a été installée. Entouré d'un parc austère, le lieu est constitué d'un ancien château fort du XIe siècle cerné par deux ailes classiques construites au XVIIe siècle, auquel on accède par un chemin tortueux. C'est une demeure « sans style par devant, féodale par derrière... à l'image du gouvernement », selon les bons mots de l'avocat d'Édouard Daladier, Maurice Ribet.

Le gouvernement loue le bien à sa propriétaire pour une durée indéfinie. On s'accorde à penser qu'il a le mérite d'être isolé, mais a le défaut de ne présenter aucun confort moderne. Des travaux sont commandés à la hâte par le directeur général de la Sûreté nationale Henry Chavin, à la demande du cabinet d'Adrien Marquet. Édouard Daladier est le premier interné transféré à Chazeron le

Le château de Chazeron (Puy-de-Dôme). © DR

6 septembre. Il y croise des ouvriers affairés à réparer des murs, clouer des portes et poser des barreaux aux fenêtres[13]. Les prisonniers de marque arrivent au gré des arrestations opérées par Vichy : Paul Reynaud, le général Gamelin, Georges Mandel et Léon Blum y sont conduits progressivement[14], sous la surveillance du commissaire Barthelet, nommé directeur de l'établissement, et d'inspecteurs de la Sûreté renforcés par des gardes mobiles. Un règlement est établi : les internés ne sont pas autorisés à communiquer entre eux, mais ont droit à une heure de promenade par jour dans la cour, et bientôt à des visites.

Dans la soirée du 10 septembre, Georges Mandel est installé dans une des chambres du château, transformées en cellules. Difficilement chauffées par un poêle, elles ne bénéficient ni d'eau courante ni d'électricité. Les détenus constatent rapidement que la nourriture servie est de mauvaise qualité et qu'ils sont constamment surveillés[15]. L'ancien ministre, amoindri par son voyage, est malade et reste couché les premiers jours. Après la chaleur suffocante du Maghreb, il fait face à un changement extrême de température et subit brusquement la fraîcheur du Massif central. De fait, Mandel souffre depuis toujours d'une santé fragile et d'un corps qu'il juge vulnérable, comme l'écrit justement Emmanuel Berl :

> Il aimait sa cause, non sa personne que, contrairement à Reynaud, il n'aimait pas du tout ; il souffrait, je pense, de son physique ingrat. [...] Envers ce corps qu'il haïssait, il n'avait aucune complaisance, dur à la douleur autant qu'à la fatigue, s'habillait comme on se mortifie, portait comme des cilices des cols hauts et droits sur lesquels venaient se meurtrir les chairs malheureuses de son menton et de ses joues. Autant et plus que de son physique, il souffrait de n'être pas l'orateur ni l'écrivain qu'il aurait voulu. Il trouvait sans cesse des formules très brillantes, mais se défiait de ses discours, des articles que d'ailleurs il évitait d'écrire[16].

Lors de ses promenades quotidiennes, il arbore sa tenue fétiche, composée de son perpétuel faux col très haut, d'une pelisse - un pardessus marron surmonté d'un col de fourrure - et d'un petit chapeau. Insatisfait de la nourriture servie au sein de l'établissement, il demande à être ravitaillé à ses frais depuis Châtel-Guyon, la ville voisine. Malheureux, fatigué, il écrit le 19 septembre à son frère Adrien :

> J'ai été pendant une semaine très éprouvé par le changement de température. Mais je me rétablis peu à peu. Chazeron marque déjà la troisième étape de mes aventures policières et judiciaires (si j'ose dire) depuis que je me suis opposé à l'armistice. En réalité, je suis prisonnier politique de guerre. Rien ne peut être plus glorieux, me semble-t-il[17].

Le gouvernement annonce son arrivée, de manière laconique, dans un communiqué de presse : « Par application de la loi du 3 septembre dernier, M. Georges Mandel vient d'être interné administrativement à Chazeron[18]. » Impatient de recevoir la visite de sa fille Claude et de Béatrice Bretty, qui ne parviennent à quitter l'Algérie que le 22 septembre et s'installent à la hâte à Châtel-Guyon, il écrit à Philippe Roques :

> J'ai bien été autorisé à voir ma fille - elle seule - sans qu'on prévoie même qu'elle devrait être accompagnée. Et comme elle est encore en Algérie avec Mme Bretty, je n'ai pu jusqu'ici de fait voir personne. [...] À mon arrivée, j'étais assez souffrant. J'ai dû multiplier les plaintes, les réclamations, m'adresser directement au ministre pour obtenir les soins d'un dentiste et d'un médecin convenables. De tels procédés - n'est-il pas vrai ? - ne s'apprécient pas[19]...

Le directeur de l'établissement de Chazeron est rapidement remplacé par le commissaire de police mobile Charles Courrier, arrivé de Nancy et recruté par Chavin et Mondanel. Il se révèle pointilleux et intrusif dans la vie monotone des internés. Chaque jour, Courrier adresse un rapport qui synthétise l'activité du château. Il y joint les lettres adressées par les familles aux prisonniers, et y dresse les listes de visiteurs, objets, livres que ceux-ci réclament, sollicitant l'accord du ministre de l'Intérieur pour chaque demande[20].

L'engagement des poursuites à Riom

Au moment où les dignitaires de la IIIe République visés par Vichy subissent leurs premières semaines d'internement, la Cour suprême de justice, dont le siège a été fixé à Riom, s'emploie à engager les poursuites souhaitées par le gouvernement. Le décret du 1er août 1940 a fixé son rôle : rechercher et juger les anciens responsables, civils et militaires, ayant concouru au passage de l'état de paix à l'état de guerre avant le 4 septembre 1939 ou ayant ultérieurement aggravé la situation déjà créée. Le texte prévoit que la Cour puisse aussi instruire contre les ministres coupables d'attentats à la sûreté de l'État.

Vichy souhaite poursuivre en premier lieu ceux qu'elle juge responsables de la guerre puis de la défaite, visant là les hommes du Front populaire et anciens chefs de gouvernement Léon Blum et Édouard Daladier, mais aussi le général Gamelin, généralissime lors de la débâcle de 1940, ajoutant aux griefs l'impréparation militaire. On n'oublie pas de cibler les politiques honnis du printemps 1940 « ayant aggravé la situation déjà créée » – en l'occurrence Paul Reynaud et Georges Mandel, opposés à la demande d'armistice et tenants d'une poursuite des hostilités contre l'Allemagne. C'est enfin une échéance espérée par les fervents collaborationnistes pour montrer à l'Allemagne que la France et la IIIe République sont les uniques responsables de la guerre de 1939-1940.

Les juristes de Vichy ont prévu que la Cour suprême disposerait d'une triple compétence - instruire, accuser et juger - et que toute juridiction déjà saisie de faits relevant de la compétence de la Cour se trouverait automatiquement dessaisie. S'agissant du cas Mandel, la note du secrétariat d'État à la Guerre du 9 septembre recommande que la Cour suprême de justice s'empare de l'affaire[21]. Cette dernière s'exécute, en rendant le 11 septembre un arrêt dans lequel elle confirme que les faits reprochés à Georges Mandel relèvent de sa compétence, dessaisissant le tribunal militaire de cassation d'Alger[22].

Le 24 septembre, un nouveau décret vient compléter les attributions de la Cour suprême de justice. Elle est désormais chargée de rechercher et de juger, à titre rétroactif, les ministres ou anciens ministres ayant commis des actes de concussion ou de corruption, des détournements de fonds ou trahi les devoirs de leurs charges en spéculant sur la valeur de la monnaie nationale ou en faisant un usage abusif des fonds soumis à leur contrôle. Le texte est rédigé de façon à viser Georges Mandel, contre lequel le gouvernement a identifié des griefs correspondant précisément à ces infractions financières, qu'il aurait pu commettre du temps du ministère des Colonies. Il a également vocation à servir contre Paul Reynaud, dont deux collaborateurs, Leca et Devaux, ont été arrêtés en Espagne avec lingots d'or et valises de billets. Les compétences supplémentaires ainsi attribuées à la Cour suprême de justice doivent permettre d'engager des poursuites de droit commun contre les deux hommes les plus détestés du régime, avec l'idée d'atteindre leur honneur et de mettre en cause leur probité. La presse vichyste, de *Gringoire* à *Candide*, se déchaîne à l'automne 1940, en détaillant les supposés détournements de fonds publics opérés par les deux anciens responsables politiques.

Après un mois d'analyse, la Cour suprême de justice rend un arrêt le 18 octobre[23] concernant Georges Mandel. Se fondant sur de supposés documents nouveaux versés au dossier, elle fixe les poursuites retenues contre lui : corruption, concussion, détournement de deniers publics, spéculation sur la valeur de la monnaie nationale, et usage abusif de fonds soumis à son contrôle. La juridiction ne se perd pas dans les faux-semblants, en retenant l'ensemble des infractions financières prévues par le décret du 24 septembre contre l'ancien ministre. Elle annonce également poursuivre Mandel pour atteinte à la sûreté de l'État, en se considérant comme juridiction d'appel compétente après le non-lieu de Meknès. La Cour désigne un de ses membres, le conseiller d'État Devémy, pour mener l'instruction et décide que l'affaire sera disjointe des dossiers Édouard Daladier, Maurice Gamelin, Pierre Cot[24] et Guy La Chambre[25], contre lesquels des poursuites sont déjà engagées.

Marcel Devémy se met à la tâche et procède à des premières auditions. Paul Devinat, le directeur du ministère des Colonies déjà entendu en août 1940, est de nouveau convoqué. Mal à l'aise, il se réfère à sa précédente audition pour confirmer l'octroi de subventions par le ministre Mandel à des journaux locaux en vue d'obtenir des articles de presse élogieux, sans toutefois en apporter la preuve[26]. Devémy entend également Philippe Roques, l'ancien collaborateur de Georges Mandel chargé de la presse aux Colonies. On l'interroge sur les fonds alloués aux comités de propagande du riz, du thé et du cacao, qui auraient pu être détournés par Mandel. Roques conteste de façon véhémente les accusations de détournement de fonds portées contre son ancien chef, et ne manque pas de lui rendre hommage :

> Je considère que M. Mandel a été un grand ministre des colonies et qu'il a le double mérite d'avoir prévu la guerre et d'y avoir préparé de son mieux la France d'outre-mer. Les efforts ont d'ailleurs permis d'augmenter sensiblement le potentiel militaire de nos colonies et d'assurer leur défense contre toutes convoitises étrangères[27].

Le 16 novembre, le juge Devémy se déplace au château de Chazeron pour notifier à Georges Mandel les charges retenues contre lui, sans l'auditionner sur le fond. Il lui expose les faits reprochés : avoir utilisé à des fins personnelles les fonds de propagande soumis à son contrôle ; avoir fait passer des contrats de publicité à des taux supérieurs au prix normal – la différence étant utilisée à des fins de publicité personnelle ; avoir favorisé certaines spéculations immobilières aux Colonies ; avoir spéculé sur la valeur de la monnaie nationale. Outré, Mandel répond :

> Je m'élève avec la dernière énergie contre ces inculpations. Des nouvelles [inculpations], je ne sais même pas le motif, j'ai beau chercher des jours et des jours. Je ne parviens pas à découvrir ce dont il s'agit. Je ne formule qu'un souhait, c'est qu'on veuille bien me le dire au plus vite, et je suis sûr qu'il

> ne subsistera rien des allégations nécessairement fantaisistes ou mensongères sur lesquelles elles reposent. Quant à l'inculpation pour atteinte à la sûreté de l'État, je ne la discute même pas, car la justice militaire a déjà rendu un non-lieu[28].

Le même jour, le ministre de l'Intérieur, Marcel Peyrouton, qui a remplacé Adrien Marquet en septembre 1940, décide de faire transférer Georges Mandel et Paul Reynaud à Pellevoisin, dans l'Indre. Le transfert est annoncé et notifié à Mandel dans la soirée du 16 novembre[29]. On considère que les personnalités détenues à Chazeron doivent se distinguer en deux nouvelles catégories : Mandel et Reynaud, contre qui les poursuites judiciaires s'annoncent incertaines, restent considérés comme internés administratifs. Blum, Daladier et Gamelin, contre qui les inculpations se précisent en vue d'un procès, deviennent des prévenus au sens judiciaire et sont incarcérés au château de Bourrassol, à quelques kilomètres de Clermont-Ferrand. C'est ainsi que Georges Mandel quitte sans regrets le cadre moyenâgeux de Chazeron le 17 novembre 1940 au même moment que Paul Reynaud, pour rejoindre Pellevoisin, à plus de deux cents kilomètres au nord.

Dans un hôtel de pèlerins à Pellevoisin

Alors que l'établissement d'internement de Chazeron devait être unique, le ministère de l'Intérieur décide le 22 septembre 1940 de créer un second centre, à Pellevoisin, dans l'Indre, vraisemblablement par manque de place à

Chazeron et avec l'idée d'y interner des dirigeants socialistes qui ont - pour la plupart - voté contre l'octroi des pleins pouvoirs à Pétain le 10 juillet 1940.

C'est le commissaire Charles Courrier, déjà en poste à Chazeron, qui est désigné pour installer le nouvel établissement dans un hôtel de pèlerins réquisitionné[30]. L'hôtel Notre-Dame est habituellement destiné à accueillir des fidèles qui se rendent dans le village de Pellevoisin, où une jeune femme, Estelle Faguette, aurait été l'objet d'apparitions miraculeuses de la Vierge à la fin du XIXe siècle. Le bâtiment compte trois étages et quatre-vingts chambres modestes, avec eau courante et chauffage central - équipements qui ont convaincu le ministère de l'Intérieur de retenir l'établissement.

L'hôtel Notre-Dame à Pellevoisin (Indre). © DR

Marx Dormoy est le premier à être interné à Pellevoisin, le 25 septembre 1940. Ancien ministre de l'Intérieur du Front populaire, il est haï par le régime, notamment pour avoir combattu l'organisation de la Cagoule, une faction violente d'extrême-droite dans les années 1930. Les socialistes Vincent Auriol[31], Jules Moch[32] et Salomon Grumbach[33] sont amenés à Pellevoisin le lendemain. Vichy étend la liste de ses cibles, en faisant interner des élus et entrepreneurs juifs dans les jours suivants : le sénateur Abraham Schrameck, l'industriel Paul-Louis Weiller et l'avionneur Marcel Bloch, futur Marcel Dassault. Au cours du mois d'octobre, d'autres personnalités sont progressivement internées, dont l'ex-éphémère ministre de l'Intérieur Charles Pomaret, qui avait succédé à Georges Mandel le 16 juin 1940.

Mandel et Reynaud arrivent à Pellevoisin le 17 novembre. Ils y découvrent des chambres de sept mètres carrés à l'aspect monacal, transformées en cellules dotées de barreaux aux fenêtres et sommairement meublées avec lit de fer, table, chaises et cuvette[34]. Mandel occupe une chambre qui donne sur la rue de la gare, toute proche, avant d'être transféré après plusieurs semaines dans une autre aile du bâtiment. Le tatillon Charles Courrier reçoit l'ancien ministre à son arrivée pour lui présenter le règlement qu'il a personnellement élaboré. Le régime d'internement est strict, sous forme d'isolement individuel. Chaque détenu est enfermé dans sa chambre durant la journée, sauf lorsqu'il demande à se rendre aux toilettes, et a droit à une heure de promenade solitaire par jour, dans la cour clôturée par des planches et des barbelés, face à la voie ferrée[35]. Une visite est autorisée chaque semaine, réservée aux proches et en présence d'un inspecteur. La correspondance doit être transmise sous pli ouvert[36]. La sécurité de l'établissement est assurée par des policiers de la Sûreté, renforcés par cinquante-quatre gardes mobiles[37]. Certains gardiens se révèlent plus conciliants que d'autres et autorisent discrètement les internés à se parler lors des promenades - il s'agit pour l'essentiel de gardiens alsaciens, qui ne cachent pas leur hostilité à l'égard de Vichy[38].

Béatrice Bretty et Claude Mandel parviennent à rejoindre l'Indre, après plusieurs semaines passées près de Chazeron. Elles s'installent à Châteauroux, à l'Hôtel Moderne et du Faisan, face à la gare. Une ligne ferroviaire permet de rejoindre Pellevoisin, distant d'une trentaine de kilomètres, mais le voyage se fait le plus souvent en voiture. Béatrice Bretty doit attendre plusieurs semaines avant d'obtenir un permis de visite. Lorsqu'elle rencontre le commissaire Courrier, elle mesure à quel point le directeur est méticuleux et tient à appliquer strictement les consignes, probablement pour s'en prévaloir auprès de ses supérieurs. Un jour, Courrier veut procéder à la fouille du sac de Béatrice Bretty à l'entrée de l'hôtel. Elle l'interroge :

« Que craignez-vous que j'apporte ?
— Je ne sais pas, répond-il, une lettre, un document…
— Vous oubliez que mon métier m'a habituée à apprendre par cœur », rétorque la comédienne.

Un autre jour : « Comment allez-vous madame ? » demande le commissaire. Exaspérée, elle réplique : « Comment voulez-vous que ça aille quand on voit votre tête[39] ? » Claude Mandel ne se laisse pas plus impressionner et, bien qu'âgée de dix ans seulement, veut montrer qu'elle partage les idées de son père. Elle écrit inlassablement sur les affiches du bureau de poste de Pellevoisin : « Le Maréchal est un vieil idiot – (signé) Claude Mandel[40]. »

L'ancien ministre s'inquiète pour la scolarité de sa fille, qu'elle a dû interrompre en juin 1940. Lorsqu'il consulte le médecin de l'établissement, le docteur Robillard, il lui demande conseil sur les établissements scolaires de Châteauroux qui pourraient accueillir Claude. Mandel se renseigne sur la pension catholique Sainte-Solange, tenant à ce qu'elle puisse poursuivre son éducation religieuse et préparer sa première communion, qu'elle pourrait recevoir au printemps suivant. Il parle aussi de politique avec son interlocuteur, et tente de le convaincre que la résistance depuis l'Afrique du Nord était possible, en se désolant du nouveau régime : « Le Maréchal n'a pas dix minutes de lucidité par jour[41] ! »

Tandis que Paul Reynaud et Paul-Louis Weiller entretiennent leur forme physique par des exercices quotidiens dans la cour, Georges Mandel se réfugie seul dans sa chambre, qu'il surchauffe, et ne sort qu'emmitouflé dans son éternel pardessus à col de fourrure à l'heure de la promenade. Il se confie au médecin :

> C'est inouï de m'avoir mis dans cet hôtel mal famé [...]. On m'a mis à Pellevoisin, pourquoi ? Pour trois raisons : pour avoir tenté un coup d'État au Maroc, pour avoir dilapidé les fonds quand j'étais aux Colonies en 1938, pour m'être embarqué sur le *Massilia*. Or, je ne connais personne au Maroc, et personne ne m'y connaissait. Comment aurais-je fait[42] ?

Mandel ne supporte pas Courrier et se montre peu aimable avec son geôlier en chef. Un jour, il exige de le rencontrer pour le soumettre à ce qui peut s'apparenter à un interrogatoire d'identité. Le commissaire, surpris, commence par lui répondre, avant de lui demander les raisons de ses questions. « C'est pour ne pas avoir à rechercher quand je voudrai vous révoquer », répond, narquois, l'ancien ministre de l'Intérieur[43].

Le commissaire Charles Courrier.
© Archives nationales (France), F/1bI/747

À Vichy et à Paris, dans les sphères collaborationnistes, on n'oublie pas Mandel. Il est d'abord révoqué de son mandat de maire de Soulac pour avoir « gravement manqué aux devoirs de sa charge » par un arrêté ministériel du 16 novembre 1940. Au cours de l'automne, la presse feuilletonne[44] sur l'enquête ouverte par la justice pour retrouver le comte Armand Thierry de Ludre, l'un des cinq intellectuels d'extrême-droite arrêtés sur ordre du cabinet de Mandel en juin 1940, avec Robert Fabre-Luce, admirateur exalté du nazisme, Alain Laubreaux, journaliste à *Je suis partout,* Charles Lesca, principal actionnaire de *Je suis partout,* et Clément Serpeille de Gobineau, petit-fils du théoricien de l'inégalité des races et journaliste. Tous considérés par les renseignements généraux comme faisant partie d'une *cinquième colonne* ayant conservé des liens avec l'Allemagne nazie et galvanisant alors le camp défaitiste, ils sont arrêtés entre le 4 et le 6 juin 1940. Le 12 août 1940, la justice militaire rendra opportunément un non-lieu contre les cinq hommes. Journaliste partisan du rapprochement avec l'Allemagne nazie, Thierry de Ludre est un ancien membre du Comité France-Allemagne animé par Fernand de Brinon et Otto Abetz[45]. Il a été arrêté le 6 juin 1940 pour atteinte à la sûreté de l'État, puis détenu à la prison du Cherche-Midi. Évacué avec les autres prisonniers face à l'avancée allemande le 12 juin vers le sud, il n'a plus donné signe de vie depuis cette date. Sa famille réclame une enquête depuis l'été, et une instruction est ouverte en novembre.

La presse collaborationniste, qui tient Mandel pour responsable de son sort, livre les détails de l'enquête au fil de son avancée. Des témoins sont auditionnés, et affirment avoir vu Thierry de Ludre exténué, ne parvenant plus à suivre la marche des prisonniers lors de l'évacuation près de Montargis. Le corps du journaliste est finalement exhumé et identifié à Conflans-sur-Loing le 4 décembre 1940. L'autopsie permet de confirmer que Thierry de Ludre a été exécuté par des gardes mobiles le 15 ou le 16 juin 1940 sur les chemins de l'exode[46]. Les journaux antisémites se déchaînent contre Georges Mandel. *Gringoire* annonce dès le 21 novembre 1940 : « Une victime du juif Mandel : Thierry de Ludre ». *Le Cri du peuple,* journal du PPF, titre le 5 décembre 1940 : « Victime du juif Mandel, c'est bien le corps de Thierry de Ludre qui a été exhumé hier. [...] Les coupables doivent être châtiés. Les conclusions doivent être versées au dossier de l'assassin Mandel, avant sa comparution devant la cour de Riom ». Le ministère de la justice tente grossièrement, jusqu'au printemps 1941, d'établir que Mandel a ordonné lui-même à l'escorte d'exécuter Thierry de Ludre au cours de l'exode[47]. En vain. Dès lors, la presse sous contrôle de Vichy, et plus encore les journaux collaborationnistes installés à Paris sous l'œil bienveillant de l'occupant, ne vont cesser de demander la condamnation et l'exécution de Georges Mandel, « le juif » qui a refusé l'armistice.

À Pellevoisin, les internés attendent l'hiver dans l'ennui. La discipline se relâche quelque peu dans les premiers jours de décembre. Jules Moch rapporte cette anecdote sur Mandel, « un charmant camarade, terrible pour les gardiens » :

> Nous sortons bientôt par trois. Un trio est formé de Paul Reynaud, Mandel et moi. Le commissaire Courrier prend lui-même la garde, espérant recueillir une révélation utile à Vichy. Mandel s'en aperçoit, l'appelle de sa voix aigrelette, comme on appelle un chien, puis pontifie : « Quand

> le peuple français aura compris que le Maréchal est une vieille fripouille ramollie, un grand pas sera fait vers la libération du pays... » Puis il dit à Courrier : « Avez-vous un crayon ? Non ? En voici un. Notez : À 14 h 35, M. Mandel, ancien ministre, a dit à M. Paul Reynaud, ancien président du Conseil, et à M. Jules Moch, ancien ministre, deux points ouvrez les guillemets. » Et il répète sa phrase. Le plus drôle est que le commissaire note et part sur l'injonction de Mandel : « Maintenant, allez téléphoner à Vichy[48] ! »

Les internés sont alors au nombre de quinze. Le 14 décembre 1940, au dîner, ils apprennent avec stupeur par un inspecteur indiscret que Pierre Laval a été arrêté la veille sur ordre de Pétain. On leur annonce l'arrivée prochaine de trois nouveaux pensionnaires, « des hauts personnages qui sont de l'autre côté de la barricade ». Un des prisonniers parvient à entendre depuis sa chambre une conversation téléphonique de Courrier : ce sont Laval, Déat et de Brinon qui sont attendus ! Finalement, le 15 décembre, seul arrive le secrétaire de Laval, Vladimir Sokolowski, nouvellement interné sur ordre de Vichy. Les prisonniers se perdent en conjectures. Pétain aurait-il enfin perçu le rôle néfaste de Laval ? Va-t-il modifier sa politique vis-à-vis de l'occupant en mettant fin à la collaboration ? On leur annonce le 17 décembre que l'ancien vice-président du Conseil a été libéré par l'ambassadeur allemand à Paris Otto Abetz, venu à Vichy opérer une démonstration de force avec un détachement SS lourdement armé[49], et que Pierre-Étienne Flandin a remplacé Laval au gouvernement[50]. Les internés n'en reviennent pas et ne savent que penser des événements.

Le jour de Noël, ils décident de remettre à Courrier un télégramme adressé au ministre Peyrouton pour lui annoncer que « si le gouvernement tient tête à l'ennemi, nous serons à ses côtés et ferons appel à la classe ouvrière pour qu'elle oppose à l'Allemagne l'unité française[51] ». Ils espèrent avec une certaine naïveté qu'un profond changement politique s'amorce à Vichy. C'est un échec : Peyrouton blâme Courrier d'avoir laissé expédier la missive sans l'avoir fait passer par la Sûreté nationale. On ignore si Georges Mandel s'associe à ses compagnons d'infortune dans cette initiative ou si, incrédule, il n'accorde aucune importance aux récents événements. Seule certitude : la routine se poursuit à Pellevoisin et, à l'occasion de la fête de Noël, Courrier annonce aux internés qu'ils auront droit à une faveur particulière. Mandel demande à faire une partie de dames. On remonte jusqu'à Peyrouton, la réponse est positive, mais uniquement s'il joue avec un gendarme. Et voici l'ancien ministre de l'Intérieur jouant aux dames avec plusieurs gardes mobiles successifs dans le couloir de l'hôtel Notre-Dame de Pellevoisin le 25 décembre 1940[52].

CHAPITRE 5

L'attente

D'Aubenas à Vals-les-Bains
31 décembre 1940 - 15 novembre 1941

Un départ inattendu

Le 31 décembre 1940, les internés de Pellevoisin, encore circonspects face à la récente éviction de Laval, reçoivent l'ordre de préparer leurs valises. Le commissaire Courrier a reçu un appel téléphonique du ministère de l'Intérieur, lui enjoignant de préparer un départ général avec ses pensionnaires. Branle-bas de combat dans l'établissement : chacun s'empresse de réunir ses effets, s'interrogeant sur la raison de cette annonce. Un inspecteur confie à Vincent Auriol : « Nous devons être dirigés vers le Midi. Le gouvernement ne veut pas céder. Les Allemands vont occuper toute la France. Le maréchal et sa suite s'établiront en Algérie. On nous conduit à Marseille. De là nous prendrons, nous aussi, le bateau[1]. » La rumeur d'un mouvement vers l'Afrique du Nord se répand parmi les internés. Pétain aurait-il enfin décidé de s'opposer à l'occupant allemand ? Envisagerait-il de répondre à l'appel de Churchill qui a adressé un télégramme à Vichy le même jour, proposant au maréchal de l'aider à passer en Afrique du Nord avec son gouvernement[2] ?

Les épouses des prisonniers, dont une partie loge dans un hôtel voisin, sont prévenues à 13 heures. Stupéfaites, elles partent se renseigner. La version qu'on leur sert est différente de ce qu'a entendu Auriol : les Allemands auraient envoyé un ultimatum à Vichy, sans autre détail, et menaceraient d'occuper une bande de territoire de cinquante kilomètres de profondeur au sud de la ligne de démarcation. Il faut déménager les internés en raison de la proximité de Pellevoisin avec la zone occupée, située à moins de quarante kilomètres. On annonce que la destination prévue est Perpignan, d'autres parlent de Marseille. C'est un départ précipité qui se prépare dans l'effervescence : Courrier indique qu'à 16 heures, le déménagement devra être terminé[3]. Roger Stéphane, jeune journaliste présent à Pellevoisin avec sa mère pour visiter l'interné Raymond Philippe, parvient dans l'agitation à entrer dans l'établissement, et dialogue avec Mandel, après qu'a été donné l'ordre de renfermer les internés dans leurs chambres. L'ancien ministre lui rapporte que le commissaire Courrier a fait prêter serment à chaque prisonnier de ne pas tenter de s'évader. Mandel s'interroge sur les événements en cours : il présume que si Vichy, situé à cinquante kilomètres de la ligne de démarcation, est occupé, le gouvernement se retirera en Afrique. Il s'apprête à télégraphier à Pétain la phrase que ce dernier lui adressa en juin 1940, lorsque Mandel l'incitait à partir : « On ne sert pas son pays en le quittant[4]. »

En réalité, c'est Marcel Peyrouton, le ministre de l'Intérieur, qui a donné l'ordre à Courrier d'évacuer Pellevoisin. L'avocat de Paul Reynaud, Jacques Charpentier, lui a rendu visite peu avant pour se plaindre de l'état de délabrement de l'hôtel de Pellevoisin et surtout du risque de raid des Allemands sur le site, la ligne de démarcation ne se trouvant qu'à quelques dizaines de kilomètres[5]. Henry Chavin, le directeur général de la Sûreté nationale, est chargé par Peyrouton de trouver en urgence une nouvelle résidence. Dans l'après-midi du 31 décembre, après avoir contacté plusieurs préfets de département, il fixe son choix sur la petite station thermale de Vals-les-Bains, en Ardèche, qui dispose d'une capacité hôtelière adaptée[6].

À Châteauroux, Béatrice Bretty a été prévenue du prochain départ de son compagnon. Elle tente de réunir les affaires de Georges Mandel qu'elle conserve à l'hôtel, réparties dans vingt-sept malles où se mêlent livres, archives et costumes de l'ancien ministre[7]. Le déménagement des quinze internés prend du retard, pendant que Courrier planifie dans la confusion la sécurité du transfert. C'est finalement à minuit que le convoi de quatorze véhicules s'ébranle de Pellevoisin, à l'heure du réveillon. Les prisonniers sont répartis dans les voitures, surveillés par deux inspecteurs, tandis que quarante gardes mobiles ferment la marche. Deux camions sont mobilisés pour transporter archives, valises et matériel de l'établissement.

Les internés vivent les premières heures de l'année 1941 dans un climat étrange et silencieux, sur les routes enneigées et glaciales de l'Indre[8]. Le long cortège circule toute la nuit en direction du sud. Georges Mandel, gelé, s'entoure de couvertures pour tenter de se réchauffer dans la voiture où il se trouve. Au cours du trajet, Mandel, Reynaud et Moch se retrouvent dans le même véhicule. La discussion, autorisée après hésitation par les inspecteurs, s'engage. Mandel en veut encore à Reynaud et se lance dans un violent réquisitoire :

> Vous ne vivez pas dans le réel, dit Mandel à Reynaud. Votre imagination vous crée un monde dans lequel vous vous enfermez et auquel vous cherchez à appliquer les remèdes convenant selon vous à la maladie dont vous l'avez affublé. [...] Vous n'avez jamais tenu bon, quand vous étiez chef de gouvernement en 1939. Vous n'avez pas osé vous replier en Afrique du Nord quand cela était possible et alors que c'était la seule solution permettant de sauver l'honneur et de poursuivre la guerre. Le choix de vos ministres était souvent détestable : Pétain, Paul Baudouin, etc. Vous avez remplacé le général Gamelin - notoirement insuffisant - par Weygand - qui ne l'était pas moins. Vous avez conservé Weygand, après que je vous eus prouvé qu'il nous avait menti à propos de la prise de pouvoir par les communistes à Paris, afin d'obtenir l'armistice. Mis en minorité par vos ministres défaitistes, vous les avez suivis, au lieu de les révoquer et de reconstituer un cabinet destiné à sauver l'honneur[9].

Paul Reynaud reste muet face à l'avalanche de reproches et sourit, faisant d'abord mine de ne pas écouter. Une seule fois, il marmonne : « Vous êtes dur, mon cher[10] ! »

Halte improvisée à Aubenas

Au prix de plusieurs arrêts, le convoi poursuit sa route toute la journée du 1er janvier 1941, avant d'atteindre l'Ardèche dans la soirée. On a entre-temps annoncé au commissaire Courrier que la résidence de Vals-les-Bains n'était pas encore prête. Il décide de faire stopper le long cortège à Aubenas, bourgade de huit mille habitants située à quelques kilomètres de Vals. Il réquisitionne l'hôtel Bellevue pour y installer provisoirement ses pensionnaires. L'hôtel, de niveau modeste, est localisé à proximité du centre-ville. Lorsque les internés y sont installés dans la nuit du 1er au 2 janvier 1941, les chambres sont glaciales, et la neige tombe à gros flocons sur Aubenas.

Ceux des internés qui ont cru à un départ vers l'Afrique sont déçus. Ils comprennent que le gouvernement n'a nullement l'intention de changer de politique et qu'un nouveau lieu d'enfermement les attend, simplement plus éloigné de la ligne de démarcation. À Vals, petite station thermale ardéchoise, le choix des autorités s'est porté sur l'Hôtel des Bains, vaste établissement en capacité d'accueillir internés et gardiens. Mais celui-ci nécessite des travaux de sécurité, qui se révèlent plus longs que prévu.

L'étape d'Aubenas va devoir durer plusieurs jours. Les habitants de la bourgade s'étonnent de l'agitation qui entoure le si paisible hôtel Bellevue. Des gardes mobiles patrouillent aux abords du bâtiment et des voitures de police sont garées en nombre devant la façade. Qui sont donc ces hôtes si particuliers qu'il convient de protéger des regards ? Les internés, à qui les sorties sont formellement interdites en l'absence d'une cour fermée, trompent leur ennui comme ils le peuvent. La discipline s'assouplit à l'intérieur de l'établissement, en raison de la configuration des lieux et de l'impossibilité d'isoler les détenus les uns des autres. Il faut imaginer les éminents internés, anciens ministres et industriels de renom, passer de longues journées monotones dans l'hôtel exigu, au milieu d'inspecteurs chargés de leur surveillance. Ils sont autorisés à bavarder discrètement dans les couloirs et à se rendre de brèves visites dans les chambres, donnant parfois un air vaudevillesque à ce huis clos improvisé. On y trouve notamment Paul Reynaud et Paul-Louis Weiller qui s'affrontent lors de longues parties d'échecs qu'ils sont parvenus à négocier auprès des policiers[11].

Le 3 janvier 1941, Georges Mandel s'insurge contre la consigne transmise par Peyrouton à Courrier quelques jours plus tôt, qui impose que toutes ses correspondances soient désormais contrôlées à Vichy avant d'être acheminées à leur destinataire. Il obtient d'adresser un télégramme de protestation au ministère de l'Intérieur :

> L'administration m'ayant notifié décision monstrueuse qui m'interdit télégraphier aux miens sans visa de Vichy, je vous demande à vous personnellement, de bien vouloir me permettre de leur communiquer d'extrême urgence ma nouvelle adresse et de leur communiquer de mes nouvelles par dépêche. Sentiments haute considération[12].

Après dix jours d'attente, on annonce aux internés que l'hôtel de Vals-les-Bains est enfin prêt. Les travaux de rénovation et le renforcement de la sécurité sont terminés. Leur transfert est organisé le 13 janvier 1941. Le départ ne passe pas inaperçu à Aubenas, et la population rassemblée sur l'itinéraire se révèle hostile, huant et insultant les personnalités escortées sur les quelques kilomètres qui séparent le bourg de la station thermale[13].

Vals et l'Hôtel des Bains

Situé sur les hauteurs de la petite cité ardéchoise, l'Hôtel des Bains en est alors l'établissement le plus huppé. Lorsqu'il est décidé d'y transférer les internés de Pellevoisin, un crédit de cent mille francs est débloqué par la préfecture de l'Ardèche pour mener des travaux de sécurité. Des barreaux sont posés à chaque fenêtre et une palissade surmontée de barbelés est installée autour de l'hôtel et de son parc[14]. Des projecteurs lumineux sont même ajoutés en direction de la façade pour renforcer la surveillance nocturne, ce qui obligera Georges Mandel à dormir muni d'un bandeau sur les yeux tout au long de son séjour à l'Hôtel des Bains.

L'Hôtel des Bains, à Vals. © Wikimedia

En installant ses prisonniers à Vals le 13 janvier 1941, le commissaire Courrier compte appliquer le même régime qu'à Pellevoisin. Les internés doivent être isolés les uns des autres, en restant consignés dans leurs chambres. Les promenades sont individuelles : on autorise plusieurs personnalités à parcourir le parc au même moment, mais sans qu'elles ne puissent se parler, selon un planning établi quotidiennement. Le retour à une discipline plus stricte est mal vécu par les intéressés, qui trouvent des subterfuges pour parvenir à échanger durant leurs promenades extérieures. Mais les prisonniers apprécient le confort de l'hôtel, bien meilleur que dans leurs deux précédentes résidences. Les visites sont de nouveau autorisées, réservées aux proches, selon une liste validée au ministère de l'Intérieur. Les correspondances sont lues, comme à Pellevoisin, avant d'être transmises à leurs destinataires. L'Intérieur affecte une soixantaine de gardes mobiles à la surveillance extérieure du site, tandis que quatorze inspecteurs de police se chargent de la sécurité au sein même de l'hôtel.

Le début de l'année 1941 se révèle particulièrement glacial dans les monts d'Ardèche enneigés. Les internés optent pour des vêtements chauds en laine, et des cache-nez à la place de cravates. Seul Mandel, pourtant si frileux, refuse de se départir de son traditionnel costume noir et de ses chemises blanches à col cassé. Reynaud, lui, ne craint pas le froid et chaque matin descend dans la cour effectuer ses exercices en short, parfois torse nu, avec un tourne-disque sur lequel il fait jouer en boucle son répertoire de culture physique[15]. On regrette la mauvaise qualité de la nourriture, liée aux restrictions, qui imposent d'alterner entre potages, ragoûts et purées de fèves à chaque repas.

La première visite que reçoit Georges Mandel à Vals est celle de Maurice Garçon, ténor du barreau parisien, le 14 janvier. Il a fallu plusieurs mois d'échanges entre Georges Mandel, Philippe Roques et l'avocat pour que ce dernier accepte d'assurer la défense de l'ancien ministre. Maurice Garçon, après un périple *via* Montélimar et Aubenas, trouve son nouveau client dans sa chambre. Les deux hommes conversent longuement et reviennent sur les poursuites engagées contre Mandel. Garçon quitte Vals-les-Bains le soir, convaincu et impressionné par son interlocuteur :

> Ses récits sont servis par une mémoire prodigieuse qui lui permet sans note et sans avoir recours à aucune aide de citer une date, un nom, sans jamais se tromper[16].

Georges Mandel ne désarme pas face aux difficultés qu'il rencontre pour échanger avec Béatrice Bretty et Claude. Persuadé que Vichy veut entraver ses correspondances par mesure vexatoire, il s'inquiète de ne pas avoir de nouvelles de ses proches et s'en offusque auprès de Peyrouton :

> Monsieur le Ministre,
> La direction de Vals m'a remis ces jours-ci des télégrammes émanant des miens qui étaient parvenus depuis plus d'une semaine. Aux explications que j'ai demandées au sujet d'un pareil retard on m'a répondu : « ordre de Vichy ». Je n'en ai pas été surpris, car je n'en suis plus à compter les mesures

d'exception dont j'ai été l'objet. Mais je tiens à vous signaler plus particulièrement celle-ci, qui a eu pour effet de me priver pendant huit jours des nouvelles de mon enfant. On ne s'était encore jamais, que je sache, conduit avec cette cruauté envers les condamnés de droit commun. Je vous laisse le soin de signifier si c'est avec votre approbation.
Veuillez agréer, Monsieur le Ministre, l'assurance de ma haute considération.
Signé : Georges MANDEL[17].

Charles Courrier, toujours inquiet d'être blâmé par ses supérieurs, s'empresse d'ajouter une note à l'attention du ministre pour se dédouaner[18].

À la suite de diverses protestations des prisonniers, le ministre Peyrouton accepte le 6 février 1941 de fixer un nouveau règlement pour l'établissement de Vals-les-Bains. Il officialise la qualité *politique* des internés, qui peuvent prétendre à des droits supérieurs aux détenus de droit commun. C'est ainsi que l'isolement initialement imposé est allégé : les internés peuvent désormais se promener par deux et partager les repas à quatre, sous la surveillance des inspecteurs de police[19]. Mais Vincent Auriol et Jules Moch estiment que le régime politique n'est pas pleinement appliqué. Les visites demeurent limitées et les courriers censurés. Auriol s'insurge : n'a-t-il pas, en 1938, alors qu'il était garde des Sceaux, scrupuleusement accordé le régime de prisonnier politique à Charles Maurras[20] ?

Le 18 janvier 1941, sous la pression des Allemands, Pétain rencontre Laval près de la ligne de démarcation, à La Ferté-Hauterive (Allier), pour « dissiper les malentendus », d'après la presse. « Ça vous surprend ?! » réagit Mandel face à ses codétenus. « Ignoriez-vous donc qu'il est l'homme des excuses[21] ? » Il raconte une nouvelle fois son arrestation du 17 juin 1940 à Bordeaux, et montre la lettre d'excuses dictée à Pétain, qu'il conserve toujours sur lui.

> Peut-être M. Pétain est-il allé remettre à M. Laval une lettre d'excuses. Peyrouton et Alibert l'avaient, paraît-il, informé qu'à l'occasion du retour des cendres de l'Aiglon qu'il devait recevoir à Paris, en compagnie d'Hitler, M. Laval avait organisé contre lui un complot, tendu un guet-apens. C'est pourquoi M. Pétain n'est pas allé à Paris : il a convoqué Laval et l'a fait arrêter. Il a fait « don de sa personne » à la France, mais il craint pour sa personne bien plus que pour la France[22] !

Toujours ironique sur Vichy, Mandel persiste aussi à se montrer confiant en la victoire alliée, même si elle prendra du temps. À Pomaret et à Grumbach qui n'y croient pas, il déclame : « Chers amis, rassurez-vous, le paradoxe du temps présent, c'est que de catastrophe en catastrophe, nous volons à la victoire[23]. » Acide, il reprend ses co-internés lorsque l'un d'eux parle de Pétain comme du « Maréchal » : « Dites plutôt cette ganache vénérée[24]. »

C'est également la période à laquelle la législation antisémite de Vichy s'abat sur Georges Mandel. La loi du 3 octobre 1940, qui met en place un premier statut des Juifs en définissant ceux qui doivent être considérés comme tels et en listant les fonctions dont ils sont exclus, prévoit dans son article 2 que « l'accès et l'exercice des fonctions publiques et mandats énumérés ci-après sont interdits aux juifs : [...] toutes assemblées issues de l'élection[25] ». Les parlementaires juifs se trouvent ainsi sous la menace d'une déchéance de leur mandat. Les présidents des assemblées, Herriot et Jeanneney, se contentent, en janvier 1941, d'écrire aux membres de la Chambre et du Sénat pour qu'ils se déclarent, le cas échéant, comme étant juifs. À la suite du courrier d'Édouard Herriot qu'il reçoit à l'Hôtel des Bains, Georges Mandel décide de s'adresser directement au maréchal Pétain le 3 février 1941. Sarcastique et sans détour, il signe un véritable réquisitoire contre la législation antisémite :

> Monsieur le Maréchal,
> Je viens de recevoir une lettre du Président de la Chambre qui me demande de vous faire savoir si je tombe sous le coup de la loi du 3 octobre 1940.
> Je m'empresse de vous répondre affirmativement. D'ailleurs, pour mériter plus sûrement certaines attaques, j'ai tenu à proclamer mon ascendance juive quand, en novembre 1920, j'ai fait mes débuts à la tribune de la Chambre, en défendant la reprise des relations avec le Vatican.
> Ajouterai-je (pour que vous soyez bien édifié sur le caractère des mesures que vous avez édictées par cette loi du 3 octobre) que malgré ses origines religieuses, qui me valent d'être écarté du Parlement, mon père a fait la campagne de 1870 dans le 17e bataillon de marche, il a participé à la bataille de Buzenval ; et que, pour ma part, j'ai été pendant plus d'un quart de siècle le collaborateur de Clemenceau – et un collaborateur qui s'honore d'être resté invariablement fidèle à sa politique.

C'est d'ailleurs pour cela notamment, vous le savez mieux que personne, que j'ai été hostile à l'armistice et que, sans autre motif, je suis maintenant inculpé et interné.
Veuillez agréer, Monsieur le Maréchal, les assurances de ma haute considération.
Georges Mandel
détenu à Vals (Ardèche)[26].

L'ancien ministre ne manque pas de faire référence à son maître Clemenceau pour mieux railler la faillite morale de Pétain, qui doit tant au Tigre lorsque ce dernier le soutint dans la tempête de 1917-1918. C'est aussi l'occasion pour Mandel d'assumer avec éclat ses origines juives face aux lois iniques de Vichy, lui qui n'a jamais considéré qu'il devait se définir selon son origine religieuse.

Georges Mandel fait transmettre une copie du courrier à Jules Jeanneney. Il envoie ensuite Joseph Besselère, l'un de ses avocats, rencontrer le président du Sénat, pour que ce dernier intervienne auprès de Pétain. Jeanneney accepte de solliciter la libération de Mandel, ou à tout le moins un adoucissement de ses conditions de détention, en insistant sur le fait qu'il n'est pas officiellement inculpé et qu'il subit pourtant un traitement plus dur qu'à Bourrassol, où sont emprisonnés les accusés de Riom. Le président du Sénat obtient seulement de s'entretenir avec du Moulin de Labarthète, le directeur du cabinet civil de Pétain, le 2 avril 1941, et l'interroge sur deux points : « Quelles raisons existe-t-il d'une détention aussi anormalement longue ? Si elle doit se prolonger encore, le régime n'en devrait-il pas être adouci[27] ? » Du Moulin promet une réponse sous un à deux jours. Jeanneney reçoit une réponse écrite de Pétain le 7 avril. Le courrier du vieux maréchal est un résumé explicite de tout ce qu'il reproche à Mandel, mais aussi une illustration de l'embarras du régime, qui ne parvient pas à inculper l'ancien ministre :

> Le Maréchal Pétain
> Chef de l'État
> Vichy, le 7 avril 1941
> MONSIEUR LE PRÉSIDENT,
> Vous avez bien voulu, vous plaçant sous le signe des « Amis de Georges Clemenceau », me demander de vous faire connaître les raisons pour lesquelles M. Georges Mandel se trouvait maintenant en état de « détention administrative ». Vous avez ajouté qu'il vous paraissait souhaitable, pour des motifs d'humanité, de voir adoucir le sort qui lui est présentement réservé. J'ai pleinement compris le sens de votre démarche. Elle ne m'a pas laissé insensible.
> Vous me permettrez, cependant, de vous dire que la situation dans laquelle je me trouve m'impose des devoirs d'autant plus lourds qu'elle est plus élevée et qu'elle me confère, en cette période tragique de notre histoire, des responsabilités exceptionnelles.
> M. Georges Mandel est regardé par une notable partie de l'opinion française comme l'un des grands responsables de la politique belliciste qui nous a menés aux abîmes. La publication, en zone occupée, du journal de M. Jean Zay, collègue de M. Georges Mandel au Gouvernement, n'est certainement pas faite pour infirmer cette croyance.
> Je ferai, dans ces conditions, difficilement admettre à nos centaines de milliers de prisonniers que M. Mandel puisse jouir d'une liberté dont ils sont eux-mêmes privés. L'un des principaux coupables de la catastrophe ne saurait être mieux traité que ces innocentes victimes.

Vous voudrez reconnaître, en outre, M. le Président, que l'activité de M. Mandel au lendemain de son arrivée au Maroc a laissé à beaucoup d'esprits une impression très trouble.
Sa visite immédiate au Consul britannique, les dépêches chiffrées envoyées par celui-ci au Gouvernement de Londres, la réunion de ce Gouvernement, l'arrivée subséquente au Maroc de Lord Gort et de M. Duff Cooper, d'autres faits, enfin, constituent un ensemble organique, qui présente toutes les apparences d'un complot contre la sûreté extérieure de l'État.
Sans doute, le Colonel chargé de l'instruction auprès du Conseil de Guerre de Meknès a-t-il - dans des conditions de précipitation d'ailleurs inouïes - rendu une décision de non-lieu.
Mais cette décision a été immédiatement frappée d'un pourvoi devant le tribunal militaire de cassation d'Alger. La Cour Suprême a, ainsi que c'était son droit, dessaisi ce tribunal militaire. Il lui appartient de statuer sur le pourvoi. L'instruction est lente, en raison de la difficulté de déchiffrer les dépêches envoyées par le Consul, après la visite de M. Mandel.
Vous ignorez, peut-être enfin, M. le Président, qu'un poids considérable d'or en lingots a été saisi à Alger dans les bagages de la compagne de M. Mandel. Des recherches se poursuivent, et sur la régularité des exportations de ce métal précieux, et aussi sur les conditions qui ont permis à un homme public, dont les ressources étaient notoirement modestes, d'acquérir ou de détenir une fortune évaluée à plusieurs millions.
Toutes ces raisons semblent bien de nature à justifier la prolongation de la détention de M. Georges Mandel, détention qui ne compromet d'ailleurs pas sa santé.

Il ne me reste, pour le moment, qu'à aviser M. le Garde des Sceaux de votre démarche. C'est ce que je compte faire incessamment.
Veuillez croire, Monsieur le Président, à l'assurance de mes sentiments de haute considération.
Signé : PH. PÉTAIN[28].

Jules Jeanneney tente bien une réponse au chef de l'État dans les jours suivants, mais le refus est net. Dans l'esprit de Pétain et de ses collaborateurs, Mandel doit rester sous les verrous, tant qu'une enquête est en cours, et le régime espère encore qu'il pourra faire l'objet de nouvelles poursuites.

Marcel Peyrouton a entre-temps quitté le ministère de l'Intérieur. Lorsque l'amiral Darlan est nommé le 10 février vice-président du Conseil en remplacement de Flandin, il se voit octroyer au surplus quatre portefeuilles ministériels, dont celui de l'Intérieur. Courrier note au sujet de Mandel : « Quoiqu'il se flatte de la retraite de M. Peyrouton, cet interné n'attend rien de plus favorable de son successeur. Il manifeste à toute occasion son hostilité au Gouvernement et à sa politique générale, et n'attend le salut que de la victoire anglaise[29]. »

Mandel, toujours friand de nouvelles extérieures, s'enquiert des informations sur l'évolution de la guerre distillées à chaque visite. Les gardiens l'admirent et le redoutent à la fois : Mandel excelle à décontenancer ses interlocuteurs, particulièrement ses geôliers. Un jour, un inspecteur s'enhardit à lui demander un autographe. « Non, répond Mandel, vous aurez ma signature plus tard, sur votre arrêté de révocation[30] ! » Heureusement, les internés peuvent compter sur un petit groupe de gardiens qui se révèlent favorables à la Résistance. En premier lieu le jeune commissaire Maurice Cottentin, l'adjoint de Courrier, qui se montre bienveillant à l'égard des prisonniers dès qu'il en a l'occasion, en l'absence de son chef – il n'hésite pas à leur faire part des consignes de Vichy et à assurer la liaison avec leurs proches qui résident à Vals[31]. Certains des inspecteurs de police, qui se disent gaullistes, transmettent chaque jour aux prisonniers des nouvelles de Londres. Ils suivent avec enthousiasme la résistance des Anglais face aux bombardements et la politique « héroïque » de Churchill[32]. Il y a enfin des gendarmes alsaciens, déjà rencontrés à Pellevoisin, qui évoquent avec les internés la résistance de leur région réannexée par les Allemands.

Georges Mandel peut compter sur les visites régulières de Béatrice Bretty, qui l'a suivi avec Claude et Baba Diallo, et qui s'est installée dans un hôtel de Montélimar, le Relais de l'Empereur. L'hôtel doit son nom au séjour qu'y fit Napoléon en 1814, sur sa route d'exil en direction de l'île d'Elbe. Bretty parcourt les cinquante kilomètres qui séparent Montélimar de Vals plusieurs fois par semaine, empruntant le bac qui enjambe le Rhône puis un bus en direction de la station thermale, tandis que Claude visite son père chaque jeudi, jour sans école, et plus fréquemment pendant les vacances scolaires. Les co-internés de Mandel remarquent que Claude ressemble à son père « d'étonnante manière » avec « son teint pâle, ses cheveux noirs et ses traits violemment marqués[33] ».

Ses avocats lui rendent aussi visite à tour de rôle. Le 19 mars, Mandel reçoit Maurice Garçon, qui le trouve plein de verve malgré l'emprisonnement. Depuis sa précédente visite, la discipline s'est quelque peu relâchée. Les détenus peuvent communiquer entre eux, et Garçon parvient ainsi à converser avec Mandel, Dormoy et Reynaud dans la chambre de ce dernier, avant que Courrier ne demande de mettre fin à « cette petite conférence[34] ». Garçon lance à Reynaud et à Mandel : « Ce n'est pas à Daladier et à Blum que les Allemands en veulent, c'est à vous deux. C'est vous qui êtes constamment attaqués[35]. » Le propos est confirmé quelques jours plus tard, lorsque la fille de Reynaud, Colette Dernis, obtient un entretien avec du Moulin de Labarthète à Vichy, qui lui dit : « Tout le monde est d'accord pour libérer Reynaud et Mandel, notamment Darlan, mais en apprenant les libérations de Vals, les Allemands ont dit "surtout, ne libérez pas Reynaud et Mandel, et traduisez-les devant Riom comme bellicistes. Daladier ne nous intéresse pas"[36]. »

L'État Français procède en effet en février et mars 1941 à des libérations progressives, après celle de Marcel Bloch fin janvier. Charles Pomaret, Paul-Louis Weiller et Raymond Philippe sont successivement libérés et tous assignés à résidence. Jules Moch est lui libéré sans contrainte. Ces mesures constituent-elles une initiative de Darlan, promu vice-président du Conseil et ministre de l'Intérieur de fait ? Vincent Auriol, Salomon Grumbach et Marx Dormoy sont relâchés au cours du mois de mars 1941. Dormoy est assigné à résidence non pas dans sa ville d'origine, Montluçon, mais à Montélimar, où on souhaite le maintenir sous étroite surveillance. Mais ces libérations successives ne passent pas dans les rangs collaborationnistes. *L'Œuvre*, le journal de Marcel Déat, titre le 23 mars 1941 : « Il n'y aura bientôt plus personne à Vals-les-Bains, pas même M. Mandel ! D'ici qu'on lui envoie une seconde lettre d'excuse ! » Décidément, les excuses écrites de 1940 ne passent pas.

Début avril, l'établissement de Vals ne compte plus que deux internés, Paul Reynaud et Georges Mandel, les seuls que le régime se refuse à libérer sous la pression des Allemands. Charles Courrier fait alléger le dispositif de sécurité, le réduisant à trente-cinq gendarmes et huit policiers[37]. L'Hôtel des Bains devient inadapté et bien trop coûteux pour la garde de deux prisonniers. On commence à envisager leur transfert dans un bâtiment plus modeste, qui permettrait de réduire encore le nombre d'agents mobilisés. Courrier est ainsi chargé de visiter d'autres établissements de la région et retient finalement un château inhabité de Vals-les-Bains, situé à quelques centaines de mètres seulement de l'Hôtel des Bains : le château de la Châtaigneraie.

Le déménagement des deux derniers internés est mis en œuvre le 30 avril 1941. À cette occasion, Mandel abandonne des notes dans sa chambre de l'Hôtel des Bains, qui semblent rédigées en préparation d'un hypothétique procès à Riom. Courrier s'empresse de les saisir et de les faire retranscrire, pour les transmettre à Chavin et à Mondanel à Vichy, espérant y trouver une preuve de la culpabilité de Georges Mandel qui pourrait être exploitée par ses supérieurs. On y découvre en réalité un nouveau plaidoyer contre les poursuites qui le visent :

> On a laissé croire à l'opinion – certains journaux l'impriment tous les jours, sous le contrôle de la censure – que le

procès est celui d'un responsable, d'un grand responsable. Mais responsable de quoi ? Messieurs, je vous le demande ? Serait-ce de la guerre ? Alors, ce ne serait plus l'Allemagne qui aurait déchiré les traités, bouleversé le statut territorial de l'Europe, occupé l'Autriche, annexé la Tchécoslovaquie (au mépris de tous les principes dont elle se réclamait), attaqué la Pologne qui était notre alliée ? Non Messieurs, n'allons pas faire le jeu de nos ennemis et par de pareilles billevesées excuser la politique d'agression du Reich et justifier ses revendications. Ah ! certes, que nous n'ayons pas été prêts militairement, qui le contesterait ? Mais l'étions-nous davantage en 1914 ? Il serait facile de démontrer que les hommes - j'entends les chefs - de cette époque faisaient figure de géants, par rapport à ceux d'aujourd'hui. Au demeurant, si notre instrument militaire n'était pas au point, à qui en incombe la faute ? Qui a obtenu de l'Empire un effort sans précédent ? [...] Il n'est que de faire une enquête sérieuse. On verra que je suis innocent. Si vous deviez statuer en équité, il n'y aurait pas de question quant à l'issue de ce procès[38].

Un été à la Châtaigneraie

En arrivant dans leur nouveau lieu de détention - le cinquième en sept mois depuis Chazeron -, Georges Mandel et Paul Reynaud découvrent un château de 1880, que Reynaud juge, goguenard, d'un « style nouveau riche[39] », perché dans un bois. Également appelé « Château Clément », du nom d'un ancien propriétaire, il est constitué d'une bâtisse cossue en pierre dominée par deux fines tourelles et une anachronique tour à créneaux.

Là aussi, des travaux ont dû être réalisés avant l'arrivée des nouveaux pensionnaires pour installer l'électricité. Sa taille réduite et son cadre bourgeois amènent les internés à le trouver plus accueillant que l'impersonnel Hôtel des Bains.

Le château de la Châtaigneraie à Vals-les-Bains. © DR

La discipline se relâche quelque peu dans ce huis clos forcé. Georges Mandel et Paul Reynaud ont l'occasion de converser davantage, et une forme d'amitié, certes pudique, se crée entre les deux hommes. Mandel revoit son jugement sur Reynaud, et se fait moins définitif dans les reproches qu'il avait pu formuler sur le 16 juin 1940 à l'ancien président du Conseil. Les conversations sont toujours politiques : comme le note un témoin,

> Mandel était le plus coriace, Reynaud le plus politique. Le premier tranchait, le second persuadait. Mandel bousculait l'obstacle, provoquait l'adversaire, engageait l'avenir ; rebelle et solitaire, planant au-dessus de l'événement et de son sort propre, c'était un aigle. Creusé, indifférent au plaisir, rassasié au bout de quelques bouchées, ayant l'effort physique en horreur, il réduisait le plus possible sa personne matérielle. Une volonté d'acier, une intelligence qui savait s'appuyer sur l'instinct [...]. Les deux hommes d'État, si dissemblables qu'ils fussent, formaient un tandem inséparable[40].

Mais les tensions avec le commissaire Courrier restent vives. Le 22 mai 1941, le directeur reproche à Mandel par écrit de ne pas respecter le règlement lors des visites faites à Reynaud - en particulier, laisser la porte ouverte. Il ne tient « aucun compte de ses rappels au respect du règlement[41] ». Il menace de le consigner dans sa chambre à chaque future visite que recevrait Reynaud.

Début juillet, Georges Mandel se voit enjoindre par la préfecture de l'Ardèche d'adresser une nouvelle déclaration « d'appartenance à la race juive ». C'est la loi du 2 juin 1941[42] qui lui impose de se déclarer ainsi, non pas en sa qualité de parlementaire, comme il a dû le faire en février, mais au titre du recensement de tous les Juifs. Cette loi complète un autre texte du même jour qui a fixé le deuxième statut des Juifs, venu étendre les interdictions appliquées depuis le 3 octobre 1940. Un délai d'un mois est accordé aux personnes juives pour répondre au recensement prescrit par la loi, en ayant à détailler « leur état civil, leur situation de famille, leur profession et l'état de leurs biens ».

Mandel écrit le 10 juillet 1941 au préfet de l'Ardèche en mentionnant l'identité de ses parents – et à nouveau le fait que son père a combattu en 1870 –, et déclare qu'il ne possède aucune propriété foncière, simplement des pièces d'or et un portefeuille de valeurs mobilières. Il précise que sa fille, Claude, n'est « du reste pas juive, aux termes de la loi. Elle a été baptisée à Bordeaux, à l'église Notre-Dame, le 23 août 1931 ». Le préfet de l'Ardèche, Eugène Hild, porte une mention manuscrite d'une froideur tout administrative sur la déclaration : « Elle n'est pas juive quant à la confession. Mais elle l'est de race. Elle doit être déclarée[43]. »

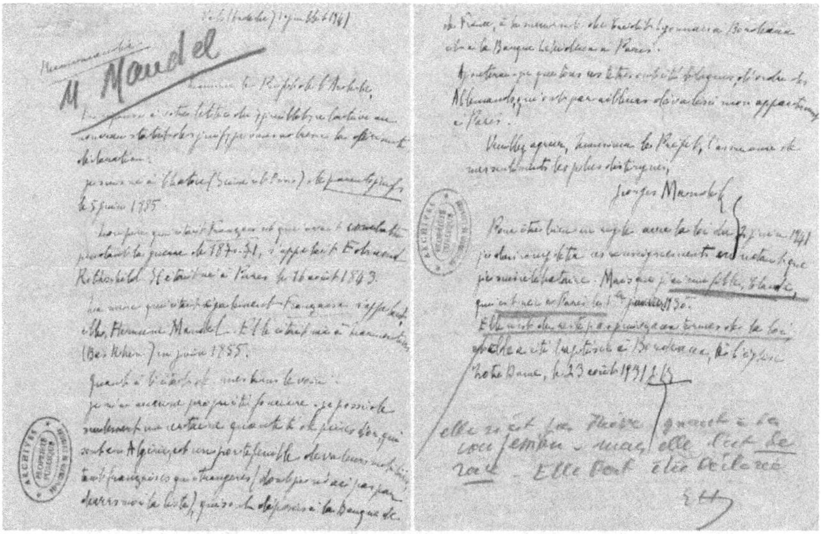
M. Mandel

elle n'est pas juive quant à la confession – mais elle l'est de race – Elle doit être déclarée

Déclaration manuscrite de Georges Mandel en application de la loi du 2 juin 1941, annotée par le préfet de l'Ardèche.
© Archives départementales de l'Ardèche

C'est sur le fondement de la loi du 2 juin 1941 que Pétain signera, le 19 novembre, un décret prononçant la déchéance de leurs mandats contre plusieurs députés et sénateurs juifs. Avec Blum, Moch et Grumbach, Georges Mandel fera partie des parlementaires visés par la mesure[44].

À l'été 1941, de nouvelles personnalités sont internées à la Châtaigneraie par Vichy. Jacques-Valentin Cazaux, ancien directeur des finances de l'Indochine relevé de ses fonctions par le gouvernement, arrive le 9 juin. Le colonel Georges Groussard, un ex-cagoulard qui a participé avec ses « groupes de protection » à l'arrestation de Laval le 13 décembre 1940 sur ordre de Pétain, est interné le 16 juillet 1941, après être tombé en disgrâce. Son précieux témoignage permet de disposer d'informations sur le quotidien de Georges Mandel à Vals-les-Bains. Enfin, Jean-Louis Tixier-Vignancour, évincé de Radio-Vichy où il « insultait l'Angleterre et les juifs[45] », est amené le 21 juillet 1941. Les nouveaux venus sont logés à l'étage et peuvent circuler à leur guise dans l'établissement en cours de journée, tandis que Mandel et Reynaud se voient appliquer une surveillance plus stricte au rez-de-chaussée, dans une ambiance invraisemblable entre opposants ciblés par le régime et anciens cadres de Vichy.

À son arrivée, Groussard trouve Mandel « emmitouflé malgré la chaleur dans un pardessus noir. Un long visage, une mince bouche autoritaire, le cou enserré d'un faux col dur, [...] absorbé dans une méditation soucieuse. Derrière lui, un gendarme, carabine à la bretelle[46] ». L'ancien ministre daigne à peine retirer son pardessus et ses gants en laine lorsque la température devient caniculaire[47]. Curieux,

Groussard parvient à converser avec Mandel et Reynaud lors de ses promenades. Observant les gardes, Mandel lui dit : « Regardez les têtes de ces messieurs de Vichy, ils ont toujours l'air de broyer du noir. Ils savent ce qui attend la cause allemande et ce qui les guette, s'ils ne font pas acte de révolte. Ce qui est simple et facile pour nous est pour eux, dans leur situation, d'une difficulté terrible[48]. »

L'ancien colonel est vite impressionné par Georges Mandel.

> Sans jamais l'ombre d'un découragement, ni le moindre relent de plainte, Mandel disait souvent qu'il fallait nous armer de patience car, si l'issue du conflit était inévitable, Hitler et les siens, sachant que pour eux il n'y avait pas d'issue, se battraient comme des lions, jusqu'au bout. [...] Ils useront de toutes les armes, il faut leur reconnaître un don : celui de la guerre totale. Hitler vivant ne capitulera jamais[49].

Groussard remarque que Mandel écrit beaucoup :

> Il nous disait qu'il était en train de brosser un tableau allant du début de la guerre de 1914 à l'Armistice de juin 1940. Que sont devenues ces pages sans aucun doute explosives, si j'en juge par ce qu'il racontait ? Qui les détient ? Ou qui les détruisit ? [...] Il avait la certitude de la victoire, il n'avait pas la certitude de voir la victoire. [...] Il savait qu'il était haï en raison de son intransigeance lorsqu'il avait été au pouvoir, avait choisi d'être craint et respecté plutôt qu'aimé, parce qu'il était « lutteur », parce qu'il était juif[50].

Un poste de radio a été installé dans le hall du rez-de-chaussée, où les internés sont autorisés à se rendre aux heures d'émissions des bulletins d'information – à 13 heures et à 20 heures. Comme un rituel, ils prennent l'habitude de tous se retrouver devant l'appareil à chaque émission radiophonique. Un soir, un gendarme nonchalant tarde à faire fonctionner le poste. « Allez-vous nous la donner, votre radio allemande ? » lui demande Mandel. Interloqué, le gendarme le regarde. « Mais oui, la radio allemande qui passe par Vichy ! » lui précise Mandel. « Je vais faire un rapport au directeur ! » répond le gendarme. Reynaud, avec ironie, reprend alors : « Cher Monsieur, voulez-vous avoir la condescendance de brancher le poste sur la radio de Vichy[51] ? »

Le 26 juillet 1941, Georges Mandel et ses compagnons de captivité apprennent avec effroi que Marx Dormoy a été assassiné au Relais de l'Empereur, à Montélimar, où il était assigné à résidence depuis sa libération le 20 mars. Dans la nuit précédente, une bombe a explosé sous le lit de l'ancien ministre de l'Intérieur du Front populaire, dont le corps a été déchiqueté. La première inquiétude de Mandel est pour ses proches : Béatrice Bretty, la petite Claude et Baba Diallo sont en effet logés dans le même hôtel que Dormoy. Béatrice Bretty a appelé la Châtaigneraie dès le matin pour indiquer qu'elle est saine et sauve avec Claude et Baba Diallo, et ainsi rassurer Mandel. Charles Courrier, qui a pris l'appel, ne daigne pas en informer l'ancien ministre. Rongé par l'angoisse, ce dernier demande au commissaire de faire prendre de leurs nouvelles par téléphone, mais essuie un net refus. Furieux, Mandel qualifie Courrier de « voyou[52] ». Il écope

Georges Mandel à Vals-les-Bains, au château
de la Châtaigneraie, 1941. © Archives nationales (France),
544AP/75

de vingt-quatre heures d'arrêt dans sa chambre pour avoir « grandement manqué de correction à l'égard du directeur de cet établissement[53] ». La sanction sera même portée à huit jours d'enfermement dans sa chambre, sans promenade, le 2 août 1941 par le nouveau secrétaire d'État à l'Intérieur, Pierre Pucheu.

Au-delà de l'appréhension immédiate qu'a pu ressentir Mandel pour ses proches, il réalise qu'en cas de libération, sa vie est menacée, et se montre « nerveux et inquiet[54] ». Deux jours après, il apprend par Béatrice Bretty les circonstances exactes de l'assassinat de Marx Dormoy : dans la nuit du 25 au 26 juillet, une explosion a secoué le Relais de l'Empereur à 2 heures du matin. La police, arrivée sur les lieux, a interrogé plusieurs pensionnaires de l'établissement, dont Bretty et Diallo. Béatrice Bretty a indiqué qu'elle dînait habituellement avec Dormoy à l'hôtel et qu'elle avait remarqué une femme qui semblait écouter leurs conversations les jours précédents. La même femme avait été repérée par Baba Diallo dans l'établissement en juin. Celui-ci a témoigné qu'il avait alors vu Dormoy quitter la chambre de l'inconnue[55]. L'enquête de police va identifier la femme comme étant Florence Gérodias, de son vrai nom Annie Mourraille. Elle est arrêtée quelques semaines plus tard avec ses complices, proches des milieux d'extrême-droite, dessinant une opération pilotée par des anciens de la Cagoule et des doriotistes contre Dormoy, un de leurs opposants les plus farouches lorsqu'il était ministre avant-guerre. Mais les commanditaires ne seront jamais retrouvés, peut-être même jamais recherchés. Les exécutants, dont Annie Mourraille, seront incarcérés à la prison de Largentière, en

Ardèche. Ils seront libérés par les Allemands le 23 janvier 1943 et s'évanouiront dans la nature.

Avec le meurtre de Dormoy, les menaces contre les anciens responsables politiques de la IIIe République se précisent. Le 27 juillet, le journaliste collaborationniste Robert Brasillach écrit à son ami Jacques Tournant :

> On commence ENFIN à assassiner : Marx Dormoy vient de sauter sur une bombe. Ça fait Allemagne d'après-guerre, et j'applaudis. Puisque la justice d'État ne se décide pas, il faut bien en arriver à la justice privée. Ça doit être l'œuvre de quelque Cagoule de zone libre. Il faudrait bien, aussi, tuer Mandel, Reynaud, etc. Mes appétits sanguinaires sont tout à fait réveillés, et cette nouvelle m'a réconforté[56].

À Vals-les-Bains, sous prétexte de protéger les internés contre d'éventuels coups de force extérieurs, le régime de détention devient plus restrictif. Paul Reynaud s'en plaint dans une lettre qu'il adresse à Vichy[57]. Les relations entre Charles Courrier et ses prisonniers se dégradent encore. Comme le note avec acuité le colonel Groussard, face au commissaire,

> M. Mandel était surtout ironique, M. Reynaud, caustique. [...] Courrier malgré une politesse de façade, aimait à nous faire sentir concrètement sa toute-puissance. Mandel et Reynaud étaient à tout propos l'objet de ses vexations. C'était un homme peu intelligent et affligé de ce handicap redoutable : le complexe d'infériorité. Il avait eu de hautes ambitions. Rêvant d'être un Fouché, il n'était que gardien de geôle. Il s'était élancé à corps perdu dans le soutien de

« l'ordre nouveau », il avait cru que grâce à la catastrophe, l'occasion surgissait pour lui d'accéder enfin au sommet de la hiérarchie[58].

Serviteur zélé du régime, tatillon sur le règlement, arbitraire dans ses décisions quotidiennes, volontiers fouineur dans les chambres des prisonniers, Charles Courrier concentre la haine de ses pensionnaires à l'été 1941. Un jour, il se précipite sur Mandel au cours d'une promenade et lui annonce qu'à cause de « je ne sais quelle insolence », il sera privé de visite le lendemain. Reynaud proteste. Mandel lui répond : « Écoutez-moi bien Courrier, vous mourrez comme votre homonyme de Lyon : à genoux, en demandant grâce », sans que l'on sache à quelle précédente affaire il fait référence. Courrier serre les poings, fusille du regard Mandel : « Vous aurez de mes nouvelles[59] ! » lance-t-il avant de partir.

Surprenante prédiction de Mandel, qui se révélera parfaitement juste : Charles Courrier sera promu chef du service régional de police judiciaire à Nancy en juillet 1942, où il abattra un chef local des Francs-tireurs et partisans lors d'une arrestation. *L'Humanité clandestine* appellera à venger la mort de son martyr[60] par « le sang des boches et des traîtres ». Après avoir été nommé intendant de police à Dijon en février 1944, Courrier sera exécuté le 24 août 1944 à Aignay-le-Duc, en Côte-d'Or, par les Forces françaises de l'intérieur (FFI) du département, pour collaboration avec l'ennemi[61].

Quant au séjour forcé de Georges Mandel à Vals au cours de l'année 1941, il ne faut pas s'y tromper : son internement dans un cadre hors du temps marque paradoxalement la période à laquelle l'étau vichyste se resserre autour de Mandel. Il y subit l'application des deux statuts successifs applicables aux Juifs et les attaques incessantes de la presse collaborationniste. Des menaces grandissantes sur sa vie se font jour après le meurtre de Dormoy, qui sonne comme un violent avertissement. Sous son apparente tranquillité, l'année 1941 est décisive pour l'ancien ministre, qui fait également l'objet de l'acharnement judiciaire du gouvernement de Vichy.

CHAPITRE 6

L'impossible procès

Vals-les-Bains, Vichy, Riom, 1941

L'échec de la cour de Riom

Alors que Georges Mandel est interné en Ardèche, Vichy s'attache à ce que les poursuites engagées à Riom prennent enfin de la consistance. Mais l'instruction se révèle laborieuse dès la première - et unique - audition de Mandel par le conseiller Devémy à Chazeron le 16 novembre 1940. La Cour suprême de justice compte axer ses griefs contre l'ancien ministre sur des infractions financières. Elle désigne donc un expert judiciaire, Carlos Mulquin, le 21 décembre 1940 afin de rechercher « l'origine des mouvements de la fortune de ROTHSCHILD dit MANDEL Georges depuis le 1er janvier 1935[1] ». Devémy délivre également une commission rogatoire pour que les services de police judiciaire appuient les investigations de l'expert Mulquin en procédant à toute audition, enquête, recherche ou saisie de document qui sera rendue nécessaire.

Vichy croit détenir une nouvelle piste contre Mandel le 31 décembre 1940, lorsque le général Weygand, devenu délégué général du gouvernement en Afrique française, télégraphie sa trouvaille[2] : à l'hôtel Aletti, à Alger, il a fait ouvrir la veille des bagages laissés en consigne par Béatrice Bretty après son séjour de l'été 1940 en compagnie de Georges Mandel. Les policiers y ont trouvé trois lingots d'or de treize kilogrammes environ, quatre cent quarante-trois louis d'or français et neuf cent quarante-deux pièces d'or de vingt francs. La Cour de Riom est avertie, et Devémy délivre une commission rogatoire le 4 janvier 1941 afin de faire procéder à des investigations supplémentaires à Alger[3]. Des auditions sont réalisées : Louis Aletti, propriétaire de l'hôtel à Alger, est entendu plusieurs fois. Il déclare que c'est bien Béatrice Bretty qui lui a laissé ces bagages, et en aucune façon Georges Mandel. Les employés de l'hôtel sont entendus également, mais n'apportent aucun témoignage utile. Le ministre de l'Intérieur et le juge désigné en Algérie transmettent les résultats de l'enquête au procureur général près la Cour suprême de justice[4], en espérant que les saisies d'or puissent conforter l'information ouverte contre Mandel pour détournement de deniers publics.

L'expert Mulquin se voit attribuer des moyens considérables : une nouvelle commission rogatoire du conseiller Devémy ordonne aux services de police de saisir tous les établissements bancaires pour déterminer si Mandel y détient des comptes et en obtenir les relevés[5]. Les recherches s'étendent également à ses proches, afin de déceler des mouvements de fonds suspects. Béatrice Bretty, Max Brusset et Philippe Roques sont ainsi visés par l'instruction[6]. Banquiers, agents de change, notaires sont saisis : des dizaines de réquisitions sont émises par la Sûreté nationale au début de l'année 1941. On cherche aussi - à travers des réquisitions supplémentaires - à établir si Mandel a spéculé sur la piastre, la monnaie indochinoise, lorsqu'il était ministre des Colonies, et à déterminer à quel établissement celui-ci a acheté des lingots d'or[7]. Aucun des éléments transmis par les établissements requis n'apporte la moindre preuve d'une quelconque infraction. La fortune de Georges Mandel est un mirage, celle de ses proches aussi. Les seuls fonds que chacun détient se justifient aisément par leurs revenus cumulés au cours de leurs carrières respectives et par des héritages familiaux dûment tracés.

Au-delà des infractions financières, les poursuites pour atteinte à la sûreté de l'État et pour aggravation de l'état de guerre telles que prévues par le décret du 1er août 1940 ne prennent aucune consistance nouvelle. Tous les services de renseignement de Vichy sont encore mobilisés pour décrypter les télégrammes envoyés depuis Rabat aux autorités britanniques à la fin juin 1940. C'est un échec total : aucun service ne parvient à les déchiffrer au cours des longs mois d'enquête[8]. L'idée de poursuivre Mandel et Reynaud pour non-capitulation se solde aussi par un revers. Comme le note malicieusement Paul Reynaud, on a déjà condamné des responsables pour capitulation, mais jamais pour non-capitulation[9] ! Et si des poursuites devaient sérieusement être menées sur ce motif, ne faudrait-il pas inculper l'ensemble des ministres de l'époque qui seraient considérés comme solidaires, dont le maréchal Pétain, alors vice-président du Conseil ?

L'instruction piétine ainsi toute l'année 1941, jusqu'à ce que le procureur général près la Cour suprême de justice, Gustave Cassagnau, soit sommé de rendre son réquisitoire contre l'ensemble des inculpés avant le 15 octobre 1941, afin qu'un procès puisse se tenir à Riom au début de l'année 1942. Le réquisitoire n'est pas rendu public, mais on comprend que Cassagnau épargne Mandel et Reynaud, contre lesquels il ne trouve pas matière à poursuites. Les six autres inculpés - Blum, Gamelin, Daladier, La Chambre, Jacomet et Cot - sont, eux, visés par le procureur général pour être renvoyés devant la formation de jugement de la Cour. Officiellement, on indique que les cas de Reynaud et de Mandel sont « disjoints de la procédure » pour ne pas donner l'impression d'un abandon total des poursuites à leur égard[10].

Lorsque le procès de Riom s'ouvre le 19 février 1942 contre cinq accusés[11], l'instruction contre Paul Reynaud et Georges Mandel se poursuit, bien que les actes d'enquête se réduisent comme peau de chagrin. Le procureur général indique, le 15 mai 1942, que seules sont maintenues les tentatives de déchiffrage des télégrammes de juin 1940 au Maroc et l'expertise financière de Mulquin[12].

Le conseiller Devémy tentera deux ultimes auditions de Béatrice Bretty en septembre et octobre 1942 pour identifier l'origine des lingots et pièces d'or trouvés à Alger. Cette dernière indiquera qu'ils lui appartiennent, achetés sur sa fortune personnelle, en mettant hors de cause Mandel, précisant :

> Je tiens à dire quelle estime j'ai pour M. Mandel, estime mêlée d'admiration. C'est un homme profondément honnête, entièrement dévoué à la chose publique et qui est, à l'heure actuelle, victime à coup sûr d'attaques totalement injustifiées[13].

L'expert Carlos Mulquin, dernier espoir de la justice pour établir le détournement de deniers publics, ne rendra son rapport définitif que le 6 juin 1943[14]. Ce sera un désaveu complet : après avoir épluché toute la comptabilité de Mandel et de ses proches depuis 1935, il ne constatera dans son épais rapport aucun enrichissement personnel ni aucun fait de spéculation ou de détournement. Ce dernier acte judiciaire, bien tardif, enterrera la procédure engagée dès septembre 1940 contre l'ancien ministre, quelques semaines après la mise en sommeil définitive de la Cour suprême de justice discrètement décidée le 21 mai 1943.

Les attaques des collaborationnistes

Alors que la Cour de Riom ne parvient pas à étayer les dossiers Reynaud et Mandel, l'année 1941 est aussi marquée par le déchaînement de la presse et des ultra-collaborationnistes contre les deux anciens responsables politiques qu'il faut « châtier ». Mandel est la cible principale de l'extrême-droite collaborationniste, principalement installée à Paris sous la protection de l'occupant. Après avoir été tenu responsable de la mort de Thierry de Ludre à l'automne 1940, il subit d'incessantes attaques antisémites et des appels à sa condamnation et à son exécution. On le désigne sans arrêt comme « le Juif Mandel » ou comme se nommant en réalité « Jéroboam Rothschild », invention grotesque de la presse de l'entre-deux-guerres.

Le 7 février 1941, *Je suis partout* reparaît pour la première fois depuis son interdiction en juin 1940. Installé à Paris, le journal adopte une ligne ouvertement collaborationniste et plus que jamais antisémite. Il réserve sa première manchette à sa cible préférée, titrant : « Le coup de force du Juif Mandel contre *Je Suis Partout*[15] ». Alain Laubreaux, l'un des journalistes arrêtés sur ordre de l'Intérieur en juin 1940, signe l'article de tête. L'ordonnance de non-lieu rendue en août 1940 en faveur des journalistes et personnalités précédemment arrêtés pour atteinte à la sûreté de l'État[16] est publiée en une.

En mars 1941, paraît un nouvel hebdomadaire, *L'Appel*, à l'initiative de la Ligue française, un mouvement collaborationniste fondé en septembre 1940. Son dirigeant, Pierre Costantini, publie en une un violent éditorial :

> J'ai fait un rêve. C'était un jour de mars 1941. Le peuple de France s'était rassemblé, place de la Concorde [...]. La guillotine dressait sa silhouette.
> Soudain le haut-parleur tonna :
> — ZAY ! Et dans le silence, le déclic du couperet claqua [...].
> — BLUM ! [...].
> Ce fut ensuite le nom exécré de MANDEL.
> Et implacablement, à une cadence fatale, le déclic propagea dans la foule sa secousse électrique[17].

L'appel au meurtre des anciens responsables politiques est accompagné d'une caricature, les montrant guillotinés tour à tour face à d'anciens combattants hurlants. Son titre, glaçant, se veut une menace ouverte : « Le jour viendra ».

Caricature parue dans *L'Appel* du 6 mars 1941. On y distingue les visages de Blum, Reynaud, Daladier et Mandel. © BNF

Les articles de la presse collaborationniste se multiplient ainsi au cours de l'année 1941 contre les personnalités de la IIIe République, et particulièrement contre Georges Mandel. Ce sont des centaines de tribunes qui sont publiées *ad personam* pour exiger le châtiment des « juifs », « francs-maçons », « responsables de la guerre », maintenant sur Vichy une pression constante.

C'est aussi la période à laquelle l'appartement de Georges Mandel à Paris, avenue Victor-Hugo, est de nouveau vandalisé. Le 9 avril 1941, les cadres du

Le RNP réquisitionne l'appartement de Georges Mandel, 8 avril 1941. © Bridgeman Images/SZ Photo/Scherl

Rassemblement national populaire (RNP) de Marcel Déat investissent le logement et s'en arrogent l'occupation. L'appartement n'est pourtant pas la propriété de Mandel, qui n'en est que locataire. Peu importe, c'est le symbole de la spoliation qui compte pour le parti collaborationniste. Le RNP a obtenu de Fernand de Brinon, délégué général de Vichy dans les territoires occupés, que cet appartement lui soit attribué. Le préfet de police Marchand s'exécute en actant par écrit l'initiative du RNP[18]. Informé, Georges Mandel dépose plainte pour violation de domicile par une lettre rédigée à Vals-les-Bains le 15 avril 1941. Sans surprise, aucune enquête n'est sérieusement menée, et une ordonnance de non-lieu est rendue par la justice le 17 décembre 1941[19].

Les exigences allemandes

Face à l'échec de la Cour de Riom, les Allemands s'agacent. S'ils s'intéressent peu aux poursuites pour impréparation à la guerre contre Blum, Gamelin et Daladier - et pour cause -, Hitler et ses proches concentrent leurs griefs contre Paul Reynaud et Georges Mandel, qu'ils accusent d'avoir voulu poursuivre la guerre en juin 1940 et d'être les hommes de l'Angleterre.

Une affaire à l'origine banale va décider du sort réservé aux deux anciens ministres : les gardes territoriaux. Lors de son offensive en mai 1940, l'armée allemande eut recours à des parachutistes largués derrière les lignes françaises, *sous fausse bannière,* soit en les revêtant d'uniformes belges ou hollandais, soit en les affublant de tenues civiles. Lorsque la rumeur se répandit dans les campagnes, amplifiant sans doute le phénomène et créant la panique, le gouvernement français décida le 17 mai 1940 de créer des formations militaires de gardes territoriaux chargés de « prendre part à l'action de protection du territoire national contre l'ennemi à l'arrière du front[20] ». Dans la débâcle, environ cent vingt gardes territoriaux furent faits prisonniers par les Allemands.

Début 1941, les cent vingt gardes territoriaux doivent être traduits devant une cour martiale allemande et sont passibles de la peine de mort, le régime nazi considérant qu'il ne s'agit pas de soldats réguliers, mais d'un corps franc, et que les lois de la guerre ne leur sont donc pas applicables. C'est alors qu'Otto Abetz, l'ambassadeur allemand à Paris, assurant recevoir de nombreuses interventions françaises pour épargner les gardes, adresse un télégramme le 8 mars 1941 à Joachim von Ribbentrop, ministre des Affaires étrangères du Reich :

> Un certain nombre de Français ayant appartenu aux formations civiles, constituées en vue de la lutte contre les parachutistes allemands et munies d'armes, se trouvent en captivité allemande, Français qui devraient être considérés comme francs-tireurs d'après le droit de guerre, et être fusillés.
> Étant donné que l'ordre de créer cette formation fut donné par le Président du Conseil REYNAUD et exécuté par le Ministre de l'Intérieur MANDEL, je propose de demander au Gouvernement Français l'extradition de REYNAUD et de MANDEL et de les fusiller en lieu et place de ceux qu'ils ont détournés du droit chemin.
> L'exécution de REYNAUD et de MANDEL toucherait deux des principaux responsables français de la guerre et représenterait une juste expiation des crimes commis sur des aviateurs et parachutistes allemands.
> À mon avis, l'accord du Gouvernement Français pourrait être obtenu quant à l'extradition de REYNAUD et de MANDEL.
> ABETZ[21].

En réalité, Georges Mandel n'est pour rien dans la formation des gardes territoriaux, puisqu'il n'est alors pas encore ministre de l'Intérieur. C'est son prédécesseur Henri Roy qui initie leur création et soumet, avec Paul Reynaud, le décret à la signature du président Lebrun. Peu importe, ce sont bien Reynaud et Mandel qui sont dans le viseur de l'occupant.

Ribbentrop écarte pour l'heure la proposition d'Abetz, bien que Darlan n'ait pas exclu de livrer Reynaud et Mandel aux Allemands. Le 25 juin 1941, le maréchal Pétain écrit à Hitler pour demander une mesure de clémence en faveur des gardes territoriaux, dont le sort n'est pas réglé. Toujours réticent à l'idée de se faire extrader Reynaud et Mandel, Ribbentrop adresse un télégramme à Otto Abetz, le 5 juillet 1941 :

> Je vous prie de communiquer verbalement à Monsieur DARLAN que nous sommes disposés à prendre en considération la mesure de grâce que le Maréchal PÉTAIN a demandée dans sa lettre adressée au Führer, en faveur des membres des Gardes territoriales qui se trouvent en notre captivité, bien que nous soyons absolument fondés en droit de les traiter comme francs-tireurs. De même nous sommes disposés à renoncer à l'extradition, offerte par DARLAN, de REYNAUD et de MANDEL qui sont les auteurs intellectuels des faits commis par les Gardes territoriales. Nous faisons cependant dépendre la mesure de grâce de la condition que le gouvernement français, de son côté, inflige à REYNAUD et à MANDEL la peine de la détention perpétuelle et accepte la stricte responsabilité que les deux anciens ministres ne s'évaderont jamais et ne se réfugieront à l'étranger. De plus, nous devons exiger que

le Gouvernement Français mette à notre disposition toute la documentation qu'il détient, et qui donne des éclaircissements sur la collaboration politique de REYNAUD et de MANDEL avec le Gouvernement des États-Unis. Nous détenons déjà des preuves que les deux anciens Ministres ont travaillé en faveur de la guerre avec ROOSEVELT et son entourage, notamment avec l'Ancien Ambassadeur des États-Unis BULLITT, mais nous attachons du prix à renforcer notre documentation à ce sujet par les pièces justificatives qui se trouvent encore dans les archives françaises et qui sont sans doute très volumineuses et convaincantes. Il est d'un grand intérêt pour la France, tout comme pour l'Allemagne, de mettre en pleine lumière les menées des fauteurs de guerre, parce qu'on contribuerait ainsi à s'opposer efficacement aux actuels fauteurs de guerre aux États-Unis et à accélérer, de cette manière, la conclusion de la paix [...]. Dès que le Gouvernement Français aura satisfait aux deux conditions ci-dessus, à savoir la détention à perpétuité, en lieu sûr, de REYNAUD et de MANDEL et la livraison de la documentation sur la collaboration de fauteurs de guerre des deux Ministres avec ROOSEVELT et son entourage, la grâce générale des membres des Gardes territoriales sera prononcée chez nous. La mesure de grâce ne pourra naturellement pas s'étendre à des délits qui devraient être également sanctionnés dans le cas où il s'agirait de soldats français réguliers. Les membres des Gardes territoriales qui auraient éventuellement commis de tels délits seraient alors traités lors de leur jugement comme des membres réguliers de l'Armée française.
RIBBENTROP[22].

Le gouvernement de Vichy se trouve, en juillet 1941, dans l'obligation de trouver une solution pour condamner rapidement Paul Reynaud et Georges Mandel, malgré l'incapacité de la justice de Riom à retenir des charges suffisantes contre les deux hommes. L'objectif est aussi de satisfaire l'opinion publique et, accessoirement, les enragés de la collaboration, dont la défiance à l'égard de Vichy s'accentue. Mais l'exigence allemande nécessite de l'ingéniosité. Les juristes du régime cherchent un subterfuge pour tordre une fois encore la légalité. On retient finalement une étrange solution. Le 12 août 1941, Pétain annonce qu'il crée un nouvel organe *sui generis* : le *Conseil de justice politique.* Vichy n'est plus à une ineptie juridique près. C'est ainsi que la nouvelle entité est présentée par le chef de l'État français dans un discours radiophonique :

> J'ai décidé d'user des pouvoirs que me donne l'acte constitutionnel n° 7 pour juger les responsables de notre désastre. Un conseil de justice politique est créé à cet effet, il me soumettra ses propositions avant le 15 octobre[23].

L'acte constitutionnel n° 7 cité par le vieux maréchal est une loi qui se veut de valeur constitutionnelle, adoptée le 27 janvier 1941, lui octroyant la possibilité de prononcer une peine contre les ministres et hauts responsables qui auraient trahi les devoirs de leur charge. Cette sanction ne doit, le cas échéant, pas être exclusive de poursuites devant les juridictions ordinaires. Bien que le texte semble initialement viser les ministres de Vichy, on ne se prive pas en août 1941 de lui donner un caractère rétroactif et de l'invoquer pour justifier une prochaine condamnation des anciens responsables de la IIIe République, en cumulant cette procédure extraordinaire à l'instruction en cours à Riom, qui ne doit pas être perturbée.

À Vals-les-Bains, Georges Mandel et Paul Reynaud écoutent la radio le 12 août et sont donc instantanément informés de l'annonce de Pétain, dont ils comprennent qu'elle les cible directement. Courrier note dans son rapport quotidien au sujet de Mandel : « Aucun changement dans l'attitude hostile de cet interné à l'égard du gouvernement. À l'audition du message du Maréchal hier soir, il disait à l'oreille de M. Paul Reynaud, que c'était de la "prose de Bergery[24]". Quelques sourires et quelques sarcasmes aux passages qui révèlent les difficultés que rencontre le gouvernement dans le pays[25]. »

Une fois cette annonce réalisée, le gouvernement semble se renfermer dans la torpeur de l'été et ne prend aucune décision concrète au sujet du Conseil de justice politique – « *statu quo* » pour Reynaud et Mandel à Vichy, assure le garde des Sceaux Barthélemy à l'avocat de Mandel le 21 août. Rien ne semble bouger davantage en septembre. Face à l'inconnu, l'ancien ministre s'agace et s'inquiète. Il « s'efforce de paraître indifférent au sort qui lui est réservé, portant toute son attention sur les choses de la politique extérieure du pays. En réalité, M. Georges Mandel comme son co-interné M. Paul Reynaud ressent quelque inquiétude à l'idée de comparaître devant des "juges quelconques et choisis pour la circonstance", et son ressentiment contre le gouvernement n'en est que plus vif[26] ». Devant son avocat Joseph Besselère, Mandel commente, cinglant : « Les gens de Vichy ? Vous les verrez partir perchés sur les marchepieds des voitures des généraux allemands vaincus[27] ! »

C'est qu'à Vichy on hésite quant aux compétences et aux questions à confier au nouveau Conseil, et plus encore à sa composition, pour s'assurer de la docilité de ses membres. À Riom, les hauts magistrats de la Cour suprême de justice se vexent. Ils protestent contre la mise en place prochaine du Conseil de justice politique. Le président Lagarde et le procureur général Cassagnau s'émeuvent : la Cour est-elle dessaisie ? Ils estiment que la dignité de la Cour est gravement atteinte car une autre entité, de nature politique, va « juger des hommes qui lui étaient déjà déférés, pour des faits qui lui étaient déjà soumis[28] ».

Le 29 septembre 1941, Pétain finit par signer un décret « constituant un Conseil de justice politique ». Il confirme que l'instance est chargée de donner un avis sur « les questions que le Chef de l'État jugera utile d'évoquer devant lui » et désigne ses membres. Huit sont nommés, avant que le Conseil ne soit réduit à sept le 4 octobre 1941. Présidé par Emmanuel de Peretti de La Rocca, un ancien ambassadeur de soixante-dix ans proche de Pétain, le Conseil compte des anciens combattants (Audollent, Aulois, Drouat, Josse, Vallin), des parlementaires (Josse, Vallin) et des juristes (Aulois, Ripert)[29]. Le temps presse : le maréchal ayant fixé la date limite du 15 octobre pour disposer d'un avis, le gouvernement doit définir le cadre de saisine du Conseil de justice politique et la formulation des questions qui vont lui être soumises. On décide à l'unanimité que le Conseil sera saisi des cas relatifs à MM. Mandel et Reynaud. On hésite davantage sur le caractère définitif ou provisoire de la peine que pourrait prononcer le maréchal contre eux (douze voix contre cinq au gouvernement[30]), mais tous s'accordent à souhaiter que la Cour de Riom reste saisie en parallèle de la procédure d'exception. Le questionnaire à soumettre aux membres du Conseil de justice politique est finalement adopté le 6 octobre 1941[31].

Il reste à réunir au plus vite le Conseil pour respecter le délai prévu. C'est effectif dans les jours suivants, au cours desquels on lui présente le questionnaire tant attendu. L'instance est invitée à se prononcer sur l'application des sanctions prévues par l'acte constitutionnel n° 7 aux inculpés de Riom (Daladier, Gamelin, Blum, Cot, La Chambre et Jacomet) et, séparément, à Paul Reynaud et Georges Mandel « non point en raison des griefs particuliers relevés contre chacun d'eux et qui n'ont fait jusqu'ici l'objet que de simples informations, mais en raison de la responsabilité qu'ils ont pu prendre dans notre désastre par la façon dont ils ont alimenté et personnifié les campagnes de propagande belliciste[32] ». On ne peut faire plus précis pour orienter les débats. Le Conseil ne procède à aucune audition, ni des accusés et de leurs avocats, ni des magistrats jusque-là saisis.

Le 14 octobre 1941, le Conseil de justice politique rend son avis au maréchal Pétain. La position adoptée, loin d'atteindre l'unanimité, réunit quatre membres sur sept seulement, ce qui agace les proches du chef de l'État. S'il recommande d'attendre l'arrêt de renvoi de la Cour de Riom[33] s'agissant des six premiers inculpés, le Conseil vote néanmoins pour une condamnation de Daladier, Gamelin et Blum à la détention dans une enceinte fortifiée. S'agissant de Mandel et de Reynaud, le Conseil regrette qu'ils ne puissent être déférés comme les autres devant la Cour suprême de justice, mais constate qu'ils ont trahi les devoirs de leurs charges. Il propose pour tous deux « la détention dans une enceinte fortifiée », retenant contre Mandel qu'il « fut l'inspirateur constant du président du Conseil Paul Reynaud. Il fut un partisan ardent et tenace de la continuation des hostilités, contre l'avis des chefs militaires, qui voulaient, en présence de l'état des opérations, que l'armistice fût demandé[34] ». On lui reproche enfin d'avoir poussé le gouvernement à quitter le territoire métropolitain et d'avoir embarqué sur le *Massilia*.

Trois membres du Conseil de justice politique, Vallin[35], Aulois et Drouat, tiennent à exprimer un avis minoritaire par écrit, utilement conservé dans les archives. Ils considèrent que l'acte constitutionnel n° 7 crée un « regrettable conflit de juridictions qui risque de se renouveler » avec la Cour de Riom. Surtout, ils estiment que Reynaud et Mandel, non inculpés par la Cour suprême de justice, ne peuvent en aucune façon faire l'objet d'une peine sur la base de l'acte constitutionnel n° 7 et recommandent - en vain - de limiter la peine de détention dans une enceinte fortifiée aux seuls Daladier, Blum et Gamelin, dans l'attente du procès de Riom[36].

La lettre de cachet

L'avis rendu par le Conseil de justice politique, bien que non unanime, est conforme aux attentes du gouvernement, qui doit répondre à l'injonction de Ribbentrop : condamner Mandel et Reynaud à une peine de « détention perpétuelle ». Les nazis adressent d'ailleurs à Vichy une dernière intimidation le 13 octobre 1941 par l'intermédiaire de Walther Funk, ministre de l'Économie du Reich, qui annonce dans un discours à Königsberg : « Le Maréchal Pétain a formellement promis que le 15 octobre seront mis en jugement Mandel et Reynaud, qui ont poussé la France à faire la guerre à l'Allemagne, dans l'intérêt de l'Angleterre[37]. »

Le 16 octobre 1941, Pétain s'exécute sans broncher. Dans une allocution radiophonique, il annonce que, sur proposition du Conseil de justice politique, il condamne à la détention à perpétuité les responsables de la défaite. Visant en premier lieu Daladier, Gamelin et Blum, il précise sans peur du ridicule que « pour préserver le pouvoir judiciaire des empiétements du pouvoir politique », la Cour de Riom reste saisie. « En ce qui concerne enfin M. Paul Reynaud et M. Georges Mandel, qui ont fait l'objet devant la Cour de Riom d'une première information, j'ai estimé, m'appuyant sur l'avis de la majorité des membres du Conseil de justice politique, que les graves présomptions qui pèsent sur eux justifiaient leur détention dans une enceinte fortifiée. J'ai ordonné cette mesure[38]. »

La durée de la peine prononcée n'est nullement précisée, telle une lettre de cachet digne de l'Ancien Régime. Pour les condamnés, il ne fait aucun doute que l'absence de quantum signifie une détention à perpétuité, d'autant que Pétain a évoqué *« la peine la plus forte »* prévue par l'acte constitutionnel n° 7 dans son discours.

À Vals-les-Bains, Georges Mandel et Paul Reynaud apprennent la sanction une fois encore à l'écoute de la radio, dans la salle commune de la Châtaigneraie, le soir à 20 heures. À l'annonce de leur condamnation, les deux hommes restent impassibles, les yeux fixés sur le poste, attendant la fin des informations, avant qu'un inspecteur ne coupe la radio. Ils serrent la main aux autres internés comme chaque soir, et quittent la pièce[39]. En rejoignant sa chambre, Mandel marmonne : « Si nous vivons, notre avenir est assuré[40] », tentant de se rassurer. Mais il sait que la guerre sera longue. Reynaud, pour faire bonne figure, lance de façon similaire : « C'est un excellent placement[41] », considérant que la procédure abracadabrantesque prouve que le dossier est vide et qu'ils sont bien les cibles essentielles du régime honni.

Le lendemain, Courrier note dans son rapport à propos de l'état d'esprit de Georges Mandel :

> Cet interné qui paraissait mieux avoir réalisé sa situation que son co-interné M. Paul Reynaud n'a pas eu de réaction sensible en apprenant sa condamnation à la détention dans une enceinte fortifiée. Commentant cette décision quelque temps plus tard, avec M. Reynaud, l'interné Georges Mandel s'est toutefois écrié : « J'aurais préféré que ce fût Hitler lui-même qui l'ait annoncée ouvertement. C'eût été plus net[42] ! »

Georges Mandel dit aussi à Reynaud : « J'ai reçu 5 000 lettres ou télégrammes de félicitations lorsque je suis allé à l'Intérieur. Pas une pour ma condamnation[43] ! »

De son côté, Abetz a informé préalablement Ribbentrop des dernières décisions de Vichy :

> Au sujet de l'aggravation annoncée ce jour, des peines de détention des hommes d'État et des militaires inculpés devant la Cour de justice de Riom, j'apprends par un membre du gouvernement de Vichy que le Maréchal PÉTAIN aurait été résolu à faire prononcer, le 15 octobre, des sentences purement politiques dans une série de cas, sans tenir compte de la Cour de Justice.
> Cependant, il se serait révélé qu'au cours de l'information, des charges si écrasantes auraient été relevées contre la plupart des inculpés, en particulier contre MANDEL et REYNAUD, que les jugements à base purement juridique pourraient atteindre la gravité de ceux prévus sur la base politique. En conséquence, le Maréchal PÉTAIN aurait préféré que les jugements soient rendus par la Cour de Justice, et il a prescrit une ouverture accélérée des procès.
> J'ai déclaré au membre du Gouvernement Français que le traitement rapide ultérieur à appliquer aux responsables français de la guerre sera considéré par l'opinion publique mondiale comme la pierre de touche de la sincérité d'une nouvelle orientation du Gouvernement Français[44].

Les dernières semaines de Mandel à Vals lui sont particulièrement pénibles, faites d'attente et d'interrogations inquiètes : quelle sera donc l'enceinte fortifiée où les condamnés de Pétain seront détenus ? Quand le transfert sera-t-il réalisé ? Le 19 octobre, « nerveux, cet interné maîtrise avec beaucoup de peine une certaine inquiétude sur le point de savoir à quel moment il sera transféré dans une enceinte fortifiée[45] ». À cela s'ajoute un énième déménagement provisoire : l'arrivée d'internés supplémentaires impose de retourner à l'Hôtel des Bains, de nouveau réquisitionné par le ministère de l'Intérieur[46]. Le 24 octobre, Mandel et Reynaud quittent la Châtaigneraie pour retrouver l'ancien établissement thermal. Le séjour va être de courte durée : ils apprennent la même semaine que c'est au fort du Portalet, dans les Basses-Pyrénées[47], qu'ils devront purger leur peine. Le lieu est confirmé le 30 octobre par le *Journal officiel*, dans lequel est publiée la loi « déclarant le fort du Portalet lieu de détention dans une enceinte fortifiée[48] ». On prépare les esprits à Vichy : le ministre Barthélemy donne une interview à la presse - dont il a en réalité rédigé questions et réponses le 25 octobre[49]. Il y précise doctement ce qu'est une peine de détention en enceinte fortifiée : une peine politique. Surtout, l'objectif de l'interview est de rassurer la Cour suprême de justice, en confirmant que cette dernière reste saisie : « Le Maréchal est sur le plan politique, où il prononce des sanctions politiques. La Cour est sur le plan judiciaire, où elle prononce des peines judiciaires[50]. »

Georges Mandel décide d'écrire une nouvelle lettre à Pétain pour s'ériger contre la décision inique qui le touche. C'est un véritable réquisitoire contre le régime et son chef, dont on ignore s'il est parvenu à son destinataire :

> Monsieur le Maréchal,
> J'apprends que sur le vu de charges dont je n'ai jamais eu à connaître, vous avez décidé [en blanc dans le brouillon]. Cela équivaut à me condamner sans m'avoir entendu.
> Dans d'autres temps, l'on aurait pu unanimement considérer pareil déni de justice comme un crime, mais je reconnais volontiers que ce serait se méprendre singulièrement

sur votre condition de s'en étonner : de par l'armistice vous vous êtes placé dans l'entière dépendance de l'ennemi et nul ne peut ignorer l'intérêt particulier que celui-ci ne cesse depuis longtemps de me porter.
Je m'honore d'ailleurs de l'avoir grandement mérité car, ainsi que se devait un fidèle disciple de Clemenceau, j'ai voulu, d'une volonté infrangible, que la France gardât dans le monde la place que lui assignait la victoire de 1918. C'est pour cela que pendant quinze années au Parlement, d'abord avec André Tardieu, puis avec Louis Marin, j'ai mené une ardente campagne pour la mise en vigueur des traités et je me suis opposé à l'évacuation anticipée de Mayence, à laquelle, pour votre part, vous vous êtes associé.
Plus tard, quand je suis entré dans les conseils de gouvernement, j'ai été, en mars 1936, l'un des rares ministres qui aient demandé qu'on réagisse autrement qu'en paroles lorsque le Reich a réoccupé militairement la Rhénanie et, enfin, l'année dernière, vous ne le savez que trop bien, j'ai refusé de m'associer à la demande d'armistice que je jugeais aussi contraire à l'honneur qu'à l'intérêt français. Aussi tous les Ferdonnet[51] de Paris et d'outre-Rhin m'ont-ils dénoncé par la presse et la radio comme un « coupable », un « grand coupable », et l'Allemagne a-t-elle réclamé mon « châtiment », ainsi que celui de Paul Reynaud.
Une seule chose m'eût surpris, ce fut que le Gouvernement résistât. MAIS ON LUI DOIT CETTE JUSTICE, C'EST QU'IL N'EN A JAMAIS EU LA VELLÉITÉ. Au demeurant, comment en aurait-il été autrement puisque, dès le 17 juin 1940, quelques heures après votre avènement au pouvoir, vous m'avez fait arrêter ? Il est vrai que ce fut sous un prétexte mensonger et l'on a dû lâcher prise, non sans que vous m'ayez fait des excuses écrites. Mais l'on n'a pas tardé à

récidiver. Le lendemain de la signature de l'armistice, vous avez ordonné à la Justice Militaire de m'inculper pour « attentat à la sûreté de l'État ». Cette fois-là on a encore échoué, parce qu'il s'est trouvé un officier indépendant pour prendre une ordonnance de non-lieu. Sans doute cet officier - le colonel Loireau - a-t-il été frappé, et, le jour même où mon innocence a été officiellement reconnue, vous m'avez fait de nouveau arrêter, puis interner. Ainsi, voilà déjà treize mois que je suis au secret. Entre-temps, vos juristes se sont ingéniés à créer de nouveaux délits et crimes, par des lois d'exception auxquelles ils ont donné un caractère rétroactif, et l'on en a excipé pour me faire inculper par la cour de Riom, mais celle-ci a eu beau faire appel aux plus étranges collaborations, celle-ci a eu beau multiplier les investigations, éplucher ma vie, celle des miens, des serviteurs cassés aux gages, fouiller dans toutes les poubelles de la presse, de l'administration et de la politique, elle n'est pas parvenue à découvrir le moindre commencement de charges qui pût justifier un interrogatoire. Car il importe que vous le sachiez : au cours de cette instruction qui dure déjà depuis une année, jamais je n'ai été interrogé, que dis-je ? l'on n'a même pas pris la peine de m'informer de ce dont on m'accusait !

Je doute fort qu'il y ait dans les annales judiciaires un précédent à un tel scandale. En tout cas, puisqu'il ne se trouvait pas de magistrats assez serviles pour permettre au Gouvernement de donner satisfaction aux Allemands, IL N'Y AVAIT PLUS QU'UNE RESSOURCE : CELLE DE ME CONDAMNER SANS ME JUGER. C'est ce que vous venez de faire. [...]

IL FAUT QUE LES ALLEMANDS SOIENT DES MAÎTRES EXIGEANTS. N'EST-CE PAS M. LE GARDE DES SCEAUX QUI DISAIT RÉCEMMENT D'EUX : « ILS NOUS FONT

MARCHER À COUPS DE PIED DANS LE CUL ! » *(sic)*. Mais il faudrait être bien naïf pour s'en étonner. Chaque fois qu'il a procédé à une annexion ou à une occupation nouvelle, M. Hitler a toujours pris soin d'arracher à l'État asservi l'aveu que c'était bien lui, et lui seul, qui avait provoqué le Reich et qu'il en profitait pour ordonner la condamnation de ceux de ses anciens dirigeants qui avaient refusé de se soumettre à la domination germanique. Rappelez-vous plutôt le martyre du malheureux Schussnigg[52] ? Il est, cependant, bien évident que l'Allemagne répugne à opérer directement. Elle préfère en charger ses agents de la cinquième colonne, par le truchement de gouvernements de « collaboration ». C'est ce qu'elle a fait en Norvège avec Kisling[53], en Bohême avec Hacha[54] et, comme il convenait, celui-ci a aussitôt engagé des poursuites contre Osusky[55] et le président Benes[56], mais non sans avoir, d'abord, essayé de les déshonorer. On ne saurait donc reprocher au Gouvernement de Vichy d'innover ; et je reconnais volontiers que si, contre toute vraisemblance, les armées allemandes parvenaient à envahir l'Angleterre et à occuper les États-Unis, des bellicistes de la qualité de M. Churchill, de M. Eden ou du Président Roosevelt subiraient un sort qui n'aurait rien à envier à celui que vous me ménagez. [...]

Ce n'est pas sans tristesse, croyez-le bien, que je fais une pareille constatation, car je ne saurais oublier que j'ai été, pendant plus d'un quart de siècle, le collaborateur d'un grand homme d'État qui, malgré votre défaillance de mars 1918, vous a fait maréchal de France, et reprenant une apostrophe fameuse, je veux prendre congé de vous par ces simples mots : « JE VOUS ATTENDS À L'EFFONDREMENT DES PUISSANCES DE L'AXE ». C'EST LA PLUS BELLE DES REVANCHES ET AUSSI LA SEULE RÉPARATION QUE PUISSE SOUHAITER UN FRANÇAIS QUI, JUSQU'À SON

DERNIER SOUFFLE, N'AURA EU QU'UNE RELIGION, CELLE DE LA PATRIE.
Georges MANDEL[57].

C'est finalement le 14 novembre 1941 que Paul Reynaud et Georges Mandel se voient notifier la décision du maréchal. Alors qu'on leur annonce un départ le lendemain, Mandel signe, résigné, le document[58]. Avant leur transfert au Portalet, Mandel et Reynaud demandent au directeur de l'établissement l'autorisation d'aller saluer les autres internés. Courrier accepte, sous réserve que cela se fasse en sa présence. Les deux anciens ministres refusent et adressent une cascade d'insultes dans les termes les moins châtiés au commissaire, comme un dernier pied de nez au zélé fonctionnaire qu'ils ne reverront plus[59].

CHAPITRE 7

Dans une enceinte fortifiée

Le fort du Portalet
15 novembre 1941 - 11 novembre 1942

Le départ vers les Basses-Pyrénées

Après s'être vu notifier son transfert vers le Portalet le 14 novembre, Georges Mandel prépare son départ, annoncé pour le lendemain. Le 15 novembre 1941, c'est à 5 heures du matin que Paul Reynaud et Georges Mandel sont invités à monter en véhicule, après onze mois d'internement à Vals-les-Bains. Comme un désagréable rituel, le transfert est dirigé par l'inspecteur général Pierre Mondanel, qui avait déjà escorté Mandel de Meknès à Chazeron en septembre 1940. Le haut fonctionnaire a prévu pas moins de huit véhicules pour constituer le cortège et parcourir les sept cents kilomètres qui séparent Vals du Portalet[1]. Sur le trajet, les policiers craignent autant une évasion organisée par la Résistance que des réactions hostiles de la foule à l'égard des deux hommes politiques. Le cortège parvient sans incident au fort du Portalet en fin d'après-midi. Mondanel y a déjà amené Blum, Daladier et Gamelin le 12 novembre, depuis leur prison de Bourrassol. Pierre Mondanel est décidément un homme de devoir : chargé par Vichy des transferts successifs de personnalités vers leurs lieux d'internement depuis l'été 1940, il n'a rien trouvé à y redire. Il a pourtant été promu aux plus hautes fonctions de la police judiciaire par le Front populaire, et doit sans doute son maintien en poste à ses compétences professionnelles unanimement reconnues. Écarté en novembre 1942 à l'arrivée des Allemands en zone sud, l'inspecteur général Mondanel sera arrêté en décembre 1943, puis déporté à Buchenwald, épreuve à laquelle il survivra[2].

Sur les derniers kilomètres du trajet vers le fort du Portalet, Reynaud et Mandel découvrent avec effroi le paysage hostile dans lequel ils vont devoir séjourner. Après avoir traversé Pau et Oloron-Sainte-Marie, ils observent la chaîne des Pyrénées puis la vallée encaissée où s'érige le fort à flanc de montagne. Niché à huit cents mètres d'altitude, il domine une gorge cernée de parois rocheuses entre lesquelles coule le gave d'Aspe, un étroit cours d'eau. Le fort, qui a été construit en 1842 sur ordre de Louis-Philippe, se situe à quelques kilomètres d'Urdos, un village frontalier de l'Espagne.

Le site a été préparé depuis le début du mois d'octobre, alors que la décision de Pétain n'était pas encore annoncée. C'est le génie, force militaire spécialisée dans l'aménagement d'infrastructures, qui a été mobilisé depuis Pau pour aménager le fort avec le confort moderne : on équipe huit cellules de dix-sept mètres carrés avec un lit, un lavabo, un W.-C., chauffées par un poêle à bois et un radiateur électrique. On relie le fort à l'eau courante, au téléphone et on fait monter trois cents stères de bois depuis la vallée. Le double système de chauffage doit permettre de faire face à l'hiver terriblement rigoureux

Le fort du Portalet à proximité d'Urdos, dans les Pyrénées.
© Photo12/Alamy/Colaimages

des Pyrénées, avec des températures allant jusqu'à moins vingt degrés Celsius. Promis pour le 1er novembre 1941, les travaux sont finalement réalisés en moins de deux mois, malgré les contraintes techniques et géologiques[3]. Le chantier, aussi titanesque que coûteux, en dit long sur les priorités de Vichy à l'heure du rationnement général.

Il faut ensuite fixer les responsabilités administratives : quel ministère sera chargé de cette nouvelle prison d'exception ? Jusqu'à présent, les établissements d'internement administratif relevaient de la compétence du ministère de l'Intérieur. Le Portalet est une enceinte militaire dans laquelle on va incarcérer des individus condamnés par une pseudo-décision de justice, il est donc convenu que le fort relèvera de l'autorité conjointe de la Guerre et de la Justice. Vichy fixe la répartition des tâches : la Guerre est en charge du bâtiment et de sa sécurité, tandis que la Justice doit apporter, à travers l'administration pénitentiaire, son expertise en gestion de la détention et, surtout, sauver l'apparence de la sanction qui doit formellement revêtir un caractère judiciaire. Une trentaine de gendarmes sont réquisitionnés pour assurer la garde extérieure du fort, sous l'autorité du commandant militaire Joseph Vidalat. La gestion de l'intérieur du site doit être confiée à un directeur pénitentiaire et à un surveillant-chef – un personnel « réduit au strict minimum[4] » – avec l'appui de quelques gendarmes, d'un cuisinier et de deux domestiques.

On prépare aussi l'opinion publique, pour montrer que le régime est intraitable avec ses ennemis symboliques, qui doivent subir une peine expiatoire. La presse aux ordres est invitée à se rendre dans la vallée d'Aspe et à visiter la fortification avant même l'arrivée des prisonniers. Le 20 octobre, *Paris-Soir* titre en une sur le fort du Portalet, où le quotidien a envoyé son reporter : « Je viens du Portalet, nid d'aigle au-dessus du gave d'Aspe. La sinistre forteresse attend ses hôtes : Blum, Daladier, Gamelin, Reynaud et Mandel[5] ». On rassure le lecteur sur l'austérité du fort, où « tout est triste » - comme un moyen de prouver que les anciens dignitaires de la République honnie ne bénéficieront d'aucun traitement de faveur. Le 9 novembre, l'hebdomadaire *7 Jours* publie même un reportage photographique sur le Portalet, avec force détails sur son aménagement en attente de ses hôtes, « les responsables de 1940[6] ».

À leur arrivée le soir du 15 novembre 1941, Mandel et Reynaud comprennent qu'ils n'auront aucun contact entre eux, et pas plus avec les trois prisonniers déjà présents, Léon Blum, Édouard Daladier et Maurice Gamelin. L'isolement individuel redevient le régime de principe. Si Georges Mandel et Paul Reynaud ont appris à s'apprécier à Vals-les-Bains, leurs relations antérieures avec les trois autres sont d'une certaine fraîcheur. Blum et Daladier sont pour eux d'anciens adversaires politiques, bien que Reynaud ait dû conserver le second dans son cabinet au printemps 1940. Quant au général Gamelin, Mandel avait appelé - sans succès durant de longues semaines - à son remplacement à la tête des armées, disant cruellement de lui, en mai 1940 : « Gamelin ? C'est un excellent fonctionnaire, un excellent préfet[7]. »

Douze mois en fort militaire

Les premiers jours de Georges Mandel au Portalet sont empreints de solitude. À l'isolement, il se réfugie, emmitouflé, dans sa cellule, heureusement bien chauffée. Tout est signe de désespoir dans la nouvelle prison de Mandel. La paroi de roc qui fait face au fort obstrue totalement la vue du prisonnier. La lumière naturelle y entre à peine – on aperçoit seulement le ciel en s'accrochant aux barreaux de la fenêtre, tandis que le gave s'écoule bruyamment en contrebas. Creusée à même la roche, la casemate du Portalet regorge d'humidité. On y accède par un premier pont qui enjambe le gave d'Aspe, au bord de la route, avant de remonter un chemin tortueux. Il faut ensuite traverser le bien nommé *pont de l'Enfer*, qui, soutenu par un long pilier, surplombe un gouffre. Derrière le deuxième pont se trouve le lourd portail qui donne accès à la forteresse et à sa partie supérieure, où est installé le pavillon du gouverneur. On descend ensuite par un escalier vers la caserne des gardes, située au niveau intermédiaire, puis vers le bâtiment inférieur, qui compte deux étages. C'est à ce dernier niveau que se trouvent les cellules aménagées pour les prisonniers d'exception. Au rez-de-chaussée sont installés Blum, Gamelin et Daladier. Au premier étage, Mandel et Reynaud, ainsi que le surveillant-chef et le médecin du fort[8].

Les trois niveaux du fort du Portalet, présentés dans la revue *7 Jours* le 9 novembre 1941. Les cellules sont situées dans le bâtiment inférieur. © BNF

Béatrice Bretty, Claude et Baba Diallo parviennent à rejoindre les Pyrénées quelques jours après les condamnés, en ayant fait étape à Toulouse. Le 19 novembre 1941, la comédienne est autorisée à rendre visite à Mandel. Après avoir descendu l'interminable escalier de deux cent quarante-deux marches taillé dans le roc, elle tombe dans les bras de son compagnon et sanglote, atterrée par l'hostilité du lieu[9].

C'est au Portalet que se forme réellement le cercle des soutiens de Georges Mandel, ceux qui le visitent, lui écrivent et multiplient les interventions à Vichy en sa faveur. Ses premiers visiteurs sont ses proches. Après l'éprouvante visite du 19 novembre, Béatrice Bretty s'est installée avec Claude et Baba Diallo à l'Hôtel des Voyageurs d'Urdos, le bourg situé à deux kilomètres du fort. L'auberge, tenue par la famille Beilhes, est modeste. Mais elle accueille bientôt tous les proches des détenus qui vont y loger pour de longs mois. Outre la famille de Georges Mandel, séjournent à Urdos les compagnes des autres prisonniers, dont Jeanne Reichenbach et Christiane Mabire, futures épouses respectives de Léon Blum et de Paul Reynaud, ainsi que les fils d'Édouard Daladier. Une drôle de vie en communauté s'instaure dans le petit hôtel où se croisent familles, avocats, visiteurs et policiers, chacun à l'affût de rumeurs et de nouvelles relatives au fort voisin. On s'y satisfait de la nourriture servie dans la salle commune, grâce à l'approvisionnement en viande et légumes assuré discrètement par le père Beilhes auprès des producteurs de la vallée. La famille qui tient l'auberge se montre prévenante avec les proches des prisonniers, qui aménagent leurs chambres dans lesquelles ils vont séjourner tout l'hiver - Béatrice Bretty fait ainsi installer un poêle dans sa chambre mal chauffée[10].

Béatrice Bretty et Claude obtiennent de visiter chaque jour Mandel : on les autorise à le voir une heure sur la terrasse du fort. Claude n'est en effet plus scolarisée en établissement, mais bénéficie des cours particuliers d'une préceptrice à Urdos. Elle prend aussi l'habitude d'aller réciter son chapelet au presbytère, auprès de l'abbé Usaurou[11]. C'est une période pleine de paradoxes pour la jeune fille, certes affectée par l'emprisonnement de son père, mais qui n'a jamais autant eu l'occasion de le voir grâce à ces visites quotidiennes, lui qui s'est révélé si peu disponible jusqu'à l'été 1940. Baba Diallo fait lui aussi le trajet quotidien à pied jusqu'à la prison pour porter à l'ancien ministre linge, courrier et journaux. Mandel reçoit enfin les visites plus épisodiques de son frère, Robert Rothschild, de son cousin médecin, Henry Mandel[12], et de l'ancien ministre Eugène Frot.

Le deuxième cercle est constitué de ses avocats, dont l'équipe se stabilise définitivement au Portalet. Joseph Besselère en est le membre le plus actif, entièrement dévoué à la cause de l'ancien ministre, dont il a été le secrétaire particulier aux Colonies. Avocat à Paris, Besselère se rend régulièrement à Urdos, mais aussi à Vichy pour plaider la cause de Mandel. Le deuxième avocat de ce dernier est Raymond Ammar, qui n'hésite pas à s'installer à Urdos avec sa famille dès le 16 novembre 1941, pour faire le lien entre l'ancien ministre et sa défense parisienne. Fidèle collaborateur de Georges Mandel, il met lui aussi sa carrière entre parenthèses pour le défendre face à l'arbitraire du régime. Les deux principaux soutiens

Baba Diallo et un gendarme à Urdos, devant la ligne de chemin de fer qui enjambe le gave d'Aspe, 1942. © Cercle d'étude de la Déportation et de la Shoah © Bakary Togola

de Mandel sont épaulés par l'avocat expérimenté Armand Goëau-Brissonnière, déjà visiteur assidu de l'ancien ministre à Vals-les-Bains et par ailleurs authentique résistant. Maurice Garçon, le ténor du barreau parisien qui a accepté de défendre Mandel à partir de décembre 1940, complète l'équipe en travaillant plus précisément sur la procédure engagée contre Mandel devant la Cour suprême de justice.

La police, chargée de surveiller les moindres faits et gestes des proches des condamnés à Urdos, se focalise rapidement sur l'activité des avocats de Mandel. Elle place sur écoute la ligne téléphonique de l'Hôtel des Voyageurs et intercepte le 3 décembre 1941 une conversation entre

Besselère, qui a quitté le Portalet pour Pau, et Ammar, resté à Urdos. Le premier indique au second qu'il a oublié sa serviette dans la voiture au Portalet, dans laquelle il y a « un moyen de correspondre et un dossier rouge qui [lui] est nécessaire absolument[13] ». C'est le branle-bas de combat à la préfecture des Basses-Pyrénées, intriguée par ce dossier et ce moyen supposé secret de communication. Le préfet demande, le 4 décembre, au service régional de police judiciaire de perquisitionner l'Hôtel des Voyageurs, et plus spécifiquement les chambres de Raymond Ammar et de Maurice Ribet, l'avocat d'Édouard Daladier cité dans l'écoute. Le dossier rouge est retrouvé et comporte « un code destiné à faire parvenir à M. MANDEL des renseignements qui lui sont nécessaires[14] » et une lettre que l'ancien ministre voulait adresser au directeur de l'aryanisation économique à Toulouse, sans autre précision. La déception des policiers est grande : si on espérait encore la preuve d'une grave infraction à imputer à Georges Mandel et à ses défenseurs, le bilan de la perquisition est bien maigre. On décide par conséquent de laisser les avocats poursuivre leurs visites, en n'oubliant pas néanmoins de mener une enquête administrative approfondie sur Joseph Besselère.

Le 18 décembre 1941, c'est au tour de Maurice Garçon de se rendre au Portalet auprès de son client. Arrivé en train, il est impressionné par le décor apocalyptique qui entoure le fort et l'interminable chemin qu'il lui faut arpenter depuis la route jusqu'à la terrasse avant de plonger dans les ténèbres des escaliers de la caserne. En découvrant, au fond de la casemate, la cellule de Mandel, l'avocat ne peut s'empêcher de penser que « c'est une tombe, un cul de basse-fosse. Une invraisemblable et perfide invention que cette prison imaginée par des gens méchants[15] ». Il trouve l'ancien ministre habillé « comme s'il allait à l'audience ». « Je ne change rien à mes habitudes[16] », lui dit Mandel. Garçon le trouve hors du commun, très supérieur aux autres détenus : « Les autres ergotent et ne songent qu'à se justifier », pense-t-il. Quand il parle de « défaite », Mandel lance : « Quelle défaite ? Vous connaissez le vainqueur d'une guerre qui n'est pas finie, vous ? » Les deux hommes parlent de la procédure ouverte à Riom, dont ils sont sans nouvelle : « Mon procès est exigé par les Allemands d'un gouvernement qui est à leur solde. Si on me conduit devant la cour de Riom, nous opposerons l'incompétence... Nous demanderons à être jugés par la cour de Dantzig. Au moins ce sera franc. Je ne veux pas être condamné par des domestiques, mieux vaut être attrait devant les maîtres. De cette manière, il n'y aura plus de doute sur la valeur de la poursuite et son origine[17] », dit Mandel. Maurice Garçon sourit lorsqu'il entend son interlocuteur parler de Pétain : « Un politicard... un bas politicard. Dès qu'il a vu la partie perdue, il a songé à l'armistice pour jeter par terre le régime, en vue de son profit personnel... Il est pire que ceux dont il fait le procès parce que les autres se sont trompés tandis que lui trahit[18]. »

La fête de Noël 1941 est bien morne au Portalet. Le seul événement marquant est le départ de Léon Blum, d'Édouard Daladier et de Maurice Gamelin le 30 décembre. Vichy a décidé de les rapatrier à Bourrassol, en prévision du procès de Riom, situé à quelques kilomètres, qui doit s'ouvrir bientôt. Mandel et Reynaud restent seuls prisonniers au fort à partir de cette date.

Face à l'hiver glacial, Georges Mandel surchauffe sa cellule, dans laquelle il passe le plus clair de son temps. Le double système de chauffage lui permet d'atteindre les vingt-cinq degrés à l'intérieur, malgré le froid - la première neige a fait son apparition le 1er décembre. La chambre prend bientôt des allures de bibliothèque. L'ancien ministre s'occupe en lisant les dizaines d'ouvrages dont il a pu obtenir la livraison par caisses entières, grâce à l'aide de son fidèle avocat Joseph Besselère qui achète scrupuleusement les listes de livres dressées par le prisonnier. Mandel se doute-t-il seulement qu'Alfred de Vigny, jeune lieutenant du temps de la Restauration, écrivit des poèmes en 1823 à quelques mètres de là, dans le modeste fortin qui contrôlait alors le fond de la vallée d'Aspe ?

Paul Reynaud, lui, vit mieux son incarcération pyrénéenne. Ravi de ne plus avoir à supporter le commissaire Courrier, il profite des promenades autorisées sur la terrasse intermédiaire pour réaliser ses cours de gymnastique quotidiens, après avoir gravi l'escalier en pierre depuis sa cellule. Reynaud assiste aussi à la messe donnée chaque dimanche par l'abbé Usaurou, le curé d'Urdos, dans une petite salle du fort hâtivement transformée en chapelle[19]. Il profite du passage du curé pour disserter avec lui et jouer une partie d'échecs - ce qu'il fait aussi avec le coiffeur qui monte chaque lundi depuis le village de Bedous. Si Mandel n'assiste pas à la messe dominicale, il s'entretient toutefois régulièrement avec l'abbé Usaurou, par ailleurs apiculteur réputé dans la vallée qui lui apporte du miel en cellule[20].

Un autre religieux, le père Ambroise-Marie Carré, soutient Georges Mandel durant son emprisonnement.

Le père Carré[21] est un frère dominicain replié à Pau, ancien aumônier des artistes à Paris avant-guerre que connaît Béatrice Bretty. Il se rend alors régulièrement au fort du Portalet, en complément du curé d'Urdos. Le religieux est aussi celui qui accepte de convoyer Claude en voiture jusqu'au Portalet lorsqu'elle est autorisée à rendre visite à son père. Le 14 février 1942, Mandel écrit à sa fille, satisfait d'avoir reçu son bulletin qui lui « a fait plaisir ». « Redouble d'application, d'ardeur au travail : ce n'est qu'à cette condition que tu parviendras à tenir honorablement ta place dans la vie[22] », lui prescrit-il, en signant « ton papa qui, tu le sais, adore sa malicieuse[23] », le surnom qu'il aime donner à sa fille.

Quand elle le peut, Béatrice Bretty quitte le lourd climat d'Urdos pour se rendre sur la Côte d'Azur, ou plus sûrement à Toulouse. C'est à cette période qu'elle apprend avec consternation que l'administrateur général de la Comédie-Française l'a mise à la retraite d'office le 1er janvier 1942, « étant donné les circonstances ». Sans doute paye-t-elle davantage sa proximité avec Mandel que sa mise en congé du théâtre depuis l'été 1940. « De toutes les épreuves dont Georges Mandel eut à souffrir, celle-ci, qui m'atteignit à travers sa personne, lui fut intolérable[24] », assurera Béatrice Bretty, en se fondant sur une émouvante lettre que lui a adressée Georges Mandel : « Vos affaires me tiennent plus à cœur que les miennes. De toutes les mesures dont j'ai eu à souffrir avant mon exil, il n'en est qu'une qui m'ait profondément affecté, c'est celle qu'on a eu la goujaterie sans précédent de prendre à votre encontre à la Comédie. Aussi, pouvez-vous être assurée que tant que j'aurai un souffle de vie, je veillerai à ce que réparation vous soit faite[25] ! » La comédienne ne sera réintégrée au Français qu'en 1945, sur l'intervention de son nouveau directeur Pierre Dux.

Le 19 février 1942 s'ouvre le procès de Riom. Cinq accusés sont présents dans le box : Blum, Daladier, Gamelin, Jacomet et La Chambre. Vichy décide de suspendre les visites des avocats au fort du Portalet pour quelques jours, tandis que la presse collaborationniste mentionne qu'il manque des « coupables » à Riom. À propos de Mandel, *L'Œuvre*[26] rappelle en une le même jour que des lingots d'or ont été trouvés à Alger un an auparavant, s'étonnant que l'ancien ministre de l'Intérieur ne soit pas sur le banc des accusés. Plus tard, Robert Brasillach, dans *Je suis partout*, en profite pour persuader que Reynaud et Mandel « doivent être pendus[27] ». Quant à Jacques Doriot, il accuse la franc-maçonnerie d'être responsable de l'absence de Mandel à Riom, et éructe contre l'ancien ministre, « produit du judéo-maçonnisme » :

> On me dirait un jour qu'un juge de Mandel lui doit une situation ou la doit à une Loge de rite écossais, que je n'en manifesterais aucune surprise. Cependant, il faut en finir, il est intolérable que le sang de Mandel n'ait pas servi à marquer d'un trait rouge la ligne de démarcation entre la troisième République et la Révolution Nationale[28].

À Riom, le procès se transforme en tribune contre l'État Français, particulièrement grâce aux prises de parole acérées de Léon Blum, qui dénonce l'accusation d'impréparation à la guerre faite au Front populaire. Le procès est finalement suspendu le 15 avril 1942 pour un « supplément d'information ». Il s'est de fait retourné contre le régime et a été ajourné sur pression des Allemands, insatisfaits de la tournure prise par les débats, qui se concentrent sur l'impréparation militaire, alors que le Reich attendait un procès actant que la responsabilité de la guerre revenait à la France et aux gouvernants de la IIIe République[29]. En mars, Hitler a officiellement commenté le procès ainsi : « Il y a actuellement en France un procès caractérisé par ce fait que pas un mot n'y a été prononcé pour déplorer la faute des responsables de cette guerre. On n'y déplore que l'insuffisance de la préparation à la guerre. » Les audiences à Riom ne reprendront jamais. Quelques jours après, les Allemands obtiennent en outre le retour de Pierre Laval à la tête du gouvernement.

L'échec du procès de Riom est un motif d'espoir pour Georges Mandel, qui garde une confiance absolue dans l'effort de guerre déployé par les Anglo-Américains. Il « tire des plans, fixe à 1944 la débâcle des Allemands[30] » et ne voit qu'une issue : la victoire alliée. La déroute de la France en 1940 ? C'est pour lui un incident mérité, dont les seuls responsables sont les chefs militaires et Pétain, qui n'avait rien prévu, rien compris. Il se renseigne méticuleusement sur les théâtres d'opérations, du front de l'Est jusqu'en Afrique, et ne semble pas atteint par le découragement malgré la solitude[31]. Son avocat Maurice Garçon n'identifie qu'un point sur lequel Mandel semble manquer de lucidité : il se trompe sur l'état d'esprit des Français et ne réalise pas à quel point il y a un vaste mouvement antisémite en France, qui dépasse désormais les seuls soutiens du pouvoir en place.

En juin 1942, le régime d'isolement est enfin assoupli au fort du Portalet. Georges Mandel et Paul Reynaud sont autorisés à se voir chaque soir, rompant leur solitude respective[32]. Ils reprennent leurs conversations initiées à Vals-les-Bains. Béatrice Bretty et Christiane Mabire peuvent, elles, leur rendre visite en cellule et y rester une partie de la journée.

Durant l'été, la tension monte à Paris contre les deux prisonniers : ils sont plus que jamais la cible des partis et factions collaborationnistes, tel le PPF de Doriot, qui demande le jugement et « le châtiment implacable des responsables de la guerre[33] ». Le 12 août, Doriot récidive en diffusant un communiqué par lequel son parti exige qu'un tribunal populaire juge Reynaud et Mandel, avant de « les coller au mur[34] ». Les proches des deux internés s'inquiètent : ne sont-ils pas désormais ouvertement menacés par les nervis du PPF, qui pourraient tenter de les assassiner ?

Mandel reçoit enfin la visite de Michel Clemenceau, après de longs mois de tractation pour que celui-ci obtienne l'autorisation de venir au fort du Portalet. Saisi par l'inhospitalité du lieu, le fils du Tigre trouve Mandel dans sa cellule, « calme, impassible, tel que l'ont connu les gens qui l'ont approché[35] ». Clemenceau, ému, dit à l'ancien collaborateur de son père : « Si, pour son malheur, mon père vivait encore, vous auriez là comme voisin de l'autre côté de la cloison Georges Clemenceau, prisonnier comme vous. » Troublé, Mandel lui répond : « Vous avez eu la même pensée que moi[36]. » Georges Mandel demande à son visiteur d'aller voir Pétain, qui acceptera sans doute de le recevoir, non pour remporter une quelconque grâce en sa faveur, mais pour lui demander « la justice, c'est tout[37] ». Clemenceau accepte et se rend à Vichy le lendemain, parvenant à obtenir un rendez-vous avec le maréchal en fin de journée. Las, l'entretien ne donne rien. Michel Clemenceau refuse même l'invitation à dîner de Pétain, lui lançant : « Je viens de passer deux jours avec les deux malheureux que vous avez internés au fort du Portalet illégalement. Si j'ai partagé leur gamelle, ce n'est pas pour m'asseoir ensuite à votre table pour y partager votre repas[38]. »

Le projet d'évasion

Au-delà de son cercle de défenseurs et d'amis, Georges Mandel a l'opportunité de recevoir tout au long de l'année 1942 les visites de Philippe Roques, son ancien collaborateur chargé de la presse au ministère des Colonies, qui passe cinq jours par mois à Urdos[39]. Il est pour Mandel un homme de grande confiance, qui a participé à la création de l'un des premiers réseaux de Résistance à l'été 1940, le réseau Amelin. En 1942, il est un habitué des allers-retours clandestins à Londres, où il retrouve André Diethelm, l'ancien directeur de cabinet de Mandel aux Colonies, qui a rallié de Gaulle. Roques rencontre même le général en mai 1942. Au gré de ses voyages en Angleterre, il n'hésite pas à transmettre à Diethelm les avis de Mandel. Ce dernier estime par exemple que la BBC devrait passer plus de messages sur la politique intérieure française, plutôt que de ne parler que de « questions d'honneur[40] ». À Londres, un pseudonyme est même attribué à Georges

Mandel pour retranscrire ses propos : on le dénomme « Abel » dans les comptes rendus d'entretiens. Au fil des mois, Philippe Roques - surnommé « Rondeau » - devient ainsi, pour Mandel, le moyen le plus fiable de communiquer avec la France libre.

C'est dans ce contexte que, le 20 août 1942, Georges Mandel écrit une lettre confidentielle au général de Gaulle sur du papier d'écolier. Il parvient à la faire sortir du Portalet en la confiant discrètement à Philippe Roques lors d'une de ses visites. Dans ce courrier révélé tardivement par de Gaulle, lors d'un discours à Lesparre-Médoc en 1949, Mandel fait sans ambiguïté allégeance à la France libre et à son chef :

> Notre malheureux pays a été livré, depuis le 17 juin 1940, à des gouvernants qui se sont constitués, à des degrés divers, les serviteurs de l'ennemi. Il faudra, tout en remettant la France dans la guerre, commencer par effacer d'un trait de plume l'ensemble des mesures politiques qu'ils ont prises, et restaurer la République. Mais je crains que le recours à la loi Tréveneuc[41], qui peut réserver bien des surprises, n'oblige, au moins au début, à sortir de la légalité. Or j'estime qu'il faudrait à tout prix l'éviter. J'ai d'ailleurs chargé notre ami[42] de vous exposer un plan, qui a le double avantage d'offrir toutes garanties à cet égard et de répondre aux aspirations profondes de l'immense majorité des Français. Mais je n'ai, croyez-le bien, aucun amour-propre d'auteur. Je ne me suis jamais passionné pour les questions de méthode ou de procédure ; et, quelque importance que doive nécessairement avoir un premier acte politique qui conditionnera la mise en marche du gouvernement provisoire de libération, j'accepte par avance votre arbitrage.

Ce qui importe par-dessus tout, c'est que vous soyez le chef, le chef incontesté de ce gouvernement et que vous ayez votre complète liberté d'action. Vous n'avez pas connu de compétition quand, pour sauver l'honneur de la France, vous avez résolu de poursuivre la lutte aux côtés de ses alliés ; il serait inadmissible que vous soyez exposé à en subir du moment où s'esquissera la délivrance. Quant à moi, je n'ai souffert, cruellement souffert de toutes les persécutions dont j'ai été l'objet que parce qu'elles m'ont empêché de seconder votre effort. Je n'ai d'autre ambition que de rattraper le temps perdu. Je m'empresse donc d'accepter votre proposition d'établir entre nous une conjonction sans interférence de personne (toutes réserves étant naturellement faites quant aux obstacles que risque d'y apporter ma situation présente).
Je n'y mets qu'une condition : c'est que j'aie toujours la faculté de vous faire part sans ambages de mon opinion et des raisons, de toutes les raisons, sur lesquelles elle sera fondée. Mais, en retour, soyez bien assuré qu'une fois que vous aurez décidé, nul ne doctrinera votre point de vue avec plus de force que moi. C'est ainsi, me semble-t-il, que, dans une étroite collaboration, doit se réaliser l'unité d'action qui peut, seule, hâter la libération et le relèvement national[43].

Tout est dit ici de la pensée de Mandel sur l'avenir du pays : la reconnaissance du général de Gaulle comme chef légitime du futur gouvernement provisoire, la nécessité de restaurer la République et de considérer le régime de Vichy comme nul et non avenu.

Avec l'aide de Philippe Roques, peut-être même sur son initiative, les réseaux de Résistance – et particulièrement le mouvement Combat – envisagent un projet d'évasion en faveur de Paul Reynaud et de Georges Mandel en septembre 1942. Ce serait pour la Résistance un coup d'éclat et l'occasion d'extraire deux personnalités susceptibles de rejoindre Londres. Mais Vichy a vent d'un risque de coup de force et renforce la surveillance au fort du Portalet le 8 septembre 1942 : on pose de nouveaux barbelés sous les fenêtres des cellules, des chevaux de frise en travers du chemin, et des projecteurs sont installés pour éclairer chaque nuit la façade. Un poste récepteur de radio est même affecté au Portalet pour capter tout message qui serait émis depuis l'extérieur, et la garnison comprend jusqu'à soixante-dix gendarmes.

Pour autant, Henri Frenay, le fondateur du mouvement Combat, et Henri Aubry, l'un de ses lieutenants, poursuivent l'étude de leur projet. Un plan est imaginé : une corde mince de soixante-cinq mètres de long serait transmise à Paul Reynaud par l'entremise de son avocat. Il aurait à l'utiliser pour se laisser glisser jusqu'au gave depuis sa fenêtre, dont il aurait scié un barreau grâce à deux scies à métaux apportées par son cousin et cachées dans la plinthe de sa cellule[44]. Bien qu'âgé de soixante-deux ans, Reynaud est en excellente condition physique et se sent capable d'une telle escapade. Il faudrait au préalable saboter le transformateur électrique du fort. Pour Mandel, l'extraction s'annonce plus délicate : il est un temps envisagé de le faire sortir le même jour, mais de façon moins dangereuse, revêtu du manteau de Béatrice Bretty, qui serait restée dans la cellule à sa place. Les deux hommes seraient ensuite cachés dans une ferme du voisinage, avant de passer la frontière espagnole par la montagne.

Georges Mandel espère-t-il réellement s'évader au regard de ces conditions incertaines ? Rien n'est moins sûr. S'il souhaite sans aucun doute appuyer l'action de la France libre, il ne se considère pas en danger immédiat à l'été 1942, du moins tant que les ultras de la collaboration – et particulièrement Doriot – n'ont pas pris le pouvoir à Vichy. À Besselère qui le supplie d'accepter de se laisser évader, Mandel rétorque : « Je ne suis coupable de rien[45] ! » De la même façon, quand Eugène Frot lui évoque l'idée de s'enfuir, il objecte : « Ce n'est pas nécessaire et cela ne servirait à rien[46]. »

En tout état de cause, la mise au point du plan d'évasion prend du temps. Henri Frenay, qui se rend à Londres en septembre 1942, souhaite en parler d'abord au général de Gaulle. Mais de Gaulle est alors en voyage, et Frenay ne parvient à s'entretenir avec lui qu'à la fin du mois. Le chef de la France libre s'emporte lorsque Frenay lui parle de Paul Reynaud, dont la présence en Angleterre permettrait pourtant de faciliter les relations avec Churchill :

> Je ne peux oublier que c'est lui, chef du dernier gouvernement de la République, qui a fait appel à Pétain alors que la lutte pouvait et devait continuer en s'appuyant sur l'Empire. Ce n'est pas une erreur, mais une faute. Il savait qui était Pétain : la suite était prévisible. Cela, je ne l'excuse pas. Si M. Paul Reynaud veut servir, qu'il vienne ici. Ses talents seront utilisés à la place qui lui sera assignée[47].

La réponse du général n'a donc rien d'encourageant. Ne craint-il pas logiquement la concurrence politique de

Paul Reynaud, tout autant que celle de Georges Mandel, si ce dernier se joint au projet d'évasion ? Il y a fort à parier que leur présence à Londres reléguerait de Gaulle à un seul rôle militaire, tandis que la France pourrait désormais être représentée par deux hommes politiques d'expérience appréciés par les Alliés. Finalement, l'évasion n'aura jamais lieu. Frenay, dont la motivation a vraisemblablement été douchée par les propos de de Gaulle, ne parvient pas à mettre en œuvre le plan au Portalet avant que les Allemands n'envahissent la zone libre en novembre 1942[48]. Cette figure de la Résistance en gardera un regret certain, et même une amertume, qu'il confiera dans un écrit à Evelyne Demey, la fille de Paul Reynaud, en 1980 :

> Je me suis souvent demandé si j'ai eu raison à l'époque de solliciter en quelque sorte le feu vert du Général. Rien ne m'y obligeait sauf un sentiment de loyauté à l'égard du chef de la France Libre que nous avions spontanément rallié alors qu'on ne le connaissait que de nom. Cette question me hante encore.
> Si nous avions libéré votre père, le sort de la France en aurait probablement été changé. Il aurait été difficile à de Gaulle de ne pas céder la première place à celui qui l'avait appelé au gouvernement[49].

Béatrice Bretty en gardera un profond ressentiment contre le général de Gaulle, estimant en 1948 qu'il « n'a pas cru devoir apporter d'Angleterre l'aide nécessaire à l'évasion de Georges Mandel[50] ».

Après l'échec du projet d'évasion, Philippe Roques poursuit son intense activité de Résistance dans le sud de la France. Le 6 février 1943, alors qu'il s'apprête à gagner de nouveau l'Angleterre, il est arrêté en gare d'Argelès-sur-Mer par la Gestapo. Conduit à Perpignan, il tente de s'échapper lors d'un transfert vers le siège de la Gestapo, mais est atteint de deux balles et décède le 7 février. Avant de succomber, il prononce ces quelques mots : « Ma femme, ma fille, la France... » Sa seconde fille naîtra trois mois plus tard.

La Résistance gaulliste n'a sans doute pas été la seule à envisager de faire évader les deux prisonniers du Portalet. Le colonel Groussard, qui a côtoyé Georges Mandel à Vals-les-Bains avant d'être libéré, assure qu'il a lui aussi préparé un plan d'évasion à l'été 1942. Il sait que les gendarmes en charge du fort ne sont pas des soldats courageux qui mourraient pour contrer une opération de la Résistance. Groussard connaît de longue date le commandant du fort du Portalet, Vidalat, et lui demande de l'aide, au moins en fermant les yeux sur un éventuel coup de force. À sa grande surprise, Vidalat, qui vient d'être promu lieutenant-colonel, refuse net. Le colonel Groussard abandonne l'idée de libérer Mandel et Reynaud par la force[51]. Son initiative, qui est sujette à caution, a de quoi surprendre : ancien cagoulard aux ordres de Pétain jusqu'au début de l'année 1941, il n'a pas vraiment le profil du libérateur providentiel pour les deux anciens responsables politiques de la IIIe République. Mais son internement le fait évoluer et il tente à sa libération de développer un réseau de Résistance, tout en étant tenu à l'écart de la France libre qui se méfie de lui. A-t-il cherché à mener un coup d'éclat pour crédibiliser son allégeance à Londres ?

Ce sont enfin les employés du fort qui ont, peut-être, envisagé de faire évader les deux prisonniers. Le cuisinier du Portalet, André Capdeville, affirme avoir participé à un projet d'évasion en faveur de Mandel, en prévoyant de placer un puissant somnifère dans le repas des gardes[52]. Las, l'invasion de la zone sud par les Allemands interrompt également ce plan. L'échec des divers projets d'évasion laisse un épais mystère sur l'état réel de leurs préparatifs, et plus encore sur ce qu'aurait pu provoquer l'arrivée à Londres, fin 1942, d'un ancien président du Conseil et d'un ancien ministre tous deux appréciés de Winston Churchill.

CHAPITRE 8

« Vichy, le déshonneur dans la lâcheté »

Le fort du Portalet
8 novembre - 23 novembre 1942

Au déclenchement, le 8 novembre 1942, de l'opération *Torch* par les Alliés en Afrique du Nord, lors de laquelle ceux-ci débarquent au Maroc et en Algérie, les proches de Georges Mandel comprennent que le rapport de force est en train de changer et que l'occupant allemand risque de prendre des mesures de représailles. Une rumeur persistante se répand : les Allemands pourraient envahir la zone sud et occuper la totalité de la métropole. Au Portalet, les autorités craignent un coup de force allié au moyen de parachutistes pour faire libérer les détenus. La sécurité est encore renforcée sur ordre de la préfecture, et l'électricité coupée la nuit. Joseph Besselère s'active avec les autres avocats de Mandel, en sollicitant des interventions à Vichy pour garantir l'intégrité des prisonniers du fort. Joseph Laniel, ancien sous-secrétaire d'État du gouvernement Reynaud, est mis à contribution pour obtenir un rendez-vous auprès de Pierre Laval le 10 novembre 1942. Il obtient seulement de rencontrer son directeur de cabinet, Jean Jardin, à qui il fait part des craintes qui entourent le sort de Georges Mandel et de Paul Reynaud, dans le cas où les Allemands réagiraient au débarquement allié. Jardin prend note, et promet d'en parler à Laval[1].

Le coup de force du 11 novembre 1942

En réalité, l'apathie de Vichy laisse libre cours aux manœuvres de l'occupant. Le 11 novembre 1942, en début de matinée, la zone sud est envahie par les troupes allemandes, qui prétextent un risque d'attaque consécutif au débarquement allié en Afrique du Nord. Le fort du Portalet n'est en fait pas très éloigné de la ligne de démarcation, qui crée dans le Sud-Ouest une frontière parallèle à la côte Atlantique, à hauteur d'Orthez et de Saint-Jean-Pied-de-Port, dans les Basses-Pyrénées. Dès le feu vert obtenu par Berlin, la Sipo-SD[2] fonce vers le fort du Portalet le 11 novembre en début de matinée. L'objectif est clair : il faut empêcher tout transfert par Vichy ou évasion des deux prisonniers de marque. À 9 h 40, un détachement constitué d'officiers SS et d'une section d'infanterie se présente au pied du fort. Un officier prend l'attache du lieutenant-colonel Vidalat et lui indique qu'il vient occuper le fort, sans disposer d'ordre écrit. Le gouverneur téléphone à Pau pour obtenir une confirmation de la préfecture et des autorités militaires. Face à l'absence de réponse claire, Vidalat négocie avec l'officier allemand. Il est convenu que la section se rende en cantonnement à Urdos et que seuls demeurent au fort un officier et deux soldats, dans l'attente d'autres instructions. Le gouverneur finit par recevoir, directement de Vichy, une consigne alambiquée : « Ne s'opposer que passivement et sans effusion de sang à toute tentative d'irruption des Allemands dans le fort[3]. »

L'officier allemand exige de voir Mandel et Reynaud, pour s'assurer de leur présence et « prendre possession des détenus[4] ». Georges Mandel, qui reçoit alors la visite de Joseph Besselère et de Béatrice Bretty, est informé. Lorsque la porte de sa cellule s'ouvre, deux soldats allemands, équipés de grenades à la ceinture, apparaissent, lèvent le bras droit et crient : « Heil Hitler ! » Entre eux, un jeune officier vêtu de l'uniforme SS ôte sa casquette et s'incline. Mandel est debout, impassible. Bretty est consternée. Mandel dit : « Vous voudrez bien constater, monsieur l'officier, que jusqu'à l'heure présente je suis bien vivant[5]. » L'officier se retire en claquant les talons et place une sentinelle devant la porte qui se referme. C'est alors que Vidalat arrive embarrassé et indique à Mandel que Claude vient de se présenter pour déjeuner avec lui, comme elle a parfois l'habitude de le faire, mais que les Allemands lui refusent l'entrée. La jeune fille est en larmes sur la terrasse du fort, face aux gardes allemands. On parlemente, Besselère intervient auprès de l'officier SS, invoque un geste d'humanité, et obtient gain de cause à condition que l'entretien ne dure pas plus de dix minutes et qu'il se déroule en présence d'un soldat allemand. Lorsque Claude rejoint enfin son père, elle se jette éplorée dans ses bras, Béatrice Bretty également en larmes à ses côtés. Face à la scène, Besselère ne peut s'empêcher de penser au célèbre tableau des adieux de Louis XVI à sa famille à la prison du Temple peint par Charles Benazech, alors que le roi vient d'apprendre sa condamnation à mort. Bretty, effondrée, lui paraît ressembler à Marie-Antoinette, pendant que Mandel est assis dans un fauteuil, sa fille dans les bras.

Le déjeuner est silencieux, devant la sentinelle allemande qui se montre gênée. Face à Claude qui ne peut s'arrêter de pleurer, Mandel dit en désignant le soldat : « Pourquoi pleures-tu, petite ? Je suis très heureux de voir ici monsieur le soldat allemand. Sa présence est la preuve de la victoire de nos alliés. C'est parce que les Allemands sont écrasés que ces soldats sont ici par dépit[6]. » Bretty le pince et lui adresse des coups de pied pour le faire taire, mais rien n'y fait, Mandel tient à son insolence. Le soldat ne bronche pas. Bretty, inquiète, fait observer que les dix minutes accordées semblent expirées. L'Allemand, voulant montrer qu'il a tout compris mais qu'il sait être compréhensif, répond avec un accent marqué : « Prenez votre temps... je n'ai pas regardé la montre[7]. » Alors, Georges Mandel, qui souhaite réparer une partie de ses injures, dit en voyant un gendarme accompagner un domestique avec le repas : « J'estime beaucoup l'armée allemande... Ce sont de bons soldats qui aiment leur pays et sacrifient leur vie pour lui. Ils sont braves et courageux. Tandis que l'armée française, elle est bonne, à l'heure actuelle, à accompagner des soupières. Oui, des soupières ! Enfin, des domestiques et bonnes à tout faire[8]. » Le militaire français serre les poings, tandis que le soldat allemand rit. La scène révèle ce qu'est resté Georges Mandel : un homme courageux, plein d'ironie, et qui sait se rendre parfaitement antipathique à tout homme qu'il méprise.

Le midi, une compagnie allemande s'installe en contrebas du fort avec un canon. C'est en fait la confusion la plus totale, particulièrement parmi les gardes français qui ne savent comment réagir face à l'arrivée des soldats allemands. Le soir, des sentinelles allemandes entrent dans le fort et s'installent à chaque étage.

Georges Mandel exige d'adresser un télégramme à Vichy, à l'attention du chef de l'État :

> Urdos.
> Maréchal Pétain, Vichy.
> Vous rappelle qu'au moment même où vous avez pris le pouvoir pour capituler, vous m'avez fait arrêter et que, depuis, sans jamais avoir été jugé ni entendu, j'ai été détenu au mépris de toute légalité. Me maintenir au Portalet quand les Allemands doivent occuper la France entière équivaudrait à me livrer à l'ennemi. Tiens à vous en avertir pour qu'il soit bien établi devant l'histoire que vous serez éventuellement responsable de ce crime.
> Mandel[9].

Sans surprise, Mandel ne recevra aucune réponse. Il déchire une lettre reçue de Londres et la jette aux toilettes. Reynaud télégraphie lui aussi à Pétain : « Une question se pose à votre honneur : allez-vous livrer votre ancien chef à l'ennemi ?[10] » À Urdos, Raymond Ammar, l'avocat de Mandel, est enfermé dans sa chambre, gardé par une sentinelle.

Les soutiens de Georges Mandel savent que les heures sont comptées pour le sauver d'un coup de force allemand. La rapidité avec laquelle la Sipo-SD s'est rendue au Portalet prouve que Mandel et Reynaud sont des cibles de choix, et que l'opération a été pilotée depuis Berlin. C'est en effet Himmler qui a donné l'ordre de prendre le fort pyrénéen, sur la décision de Hitler en personne[11].

À Paris, Maurice Garçon demande audience au ministère de la Justice dès le 11 novembre à 11 h 30. Il est reçu avec le bâtonnier Charpentier, avocat de Reynaud, par le magistrat Rousseau, le représentant du garde des Sceaux dans la capitale occupée :

> Nous lui avons exprimé notre inquiétude touchant le sort de Paul Reynaud et de Mandel détenus au Portalet et qui peuvent d'une minute à l'autre être appréhendés, sinon fusillés par les Allemands qui se répandent en zone libre. Nous lui avons dit combien lourde serait la responsabilité du gouvernement s'il les laissait prendre ou les livrait. Nous avons fait de belles phrases, lui aussi :
> — Le gouvernement répond de leurs têtes...
> — Soyez assuré que le gouvernement s'est préoccupé de la question...
> C'était ridicule[12].

À Vichy, le même jour, Joseph Laniel insiste et obtient enfin d'être reçu par Pierre Laval. Ce dernier lui assure que les Allemands demeurent à l'extérieur du fort, ce qui est inexact, et dit à propos de Mandel et de Reynaud : « Je réponds de la sécurité de vos amis : soyez sans inquiétude, leur vie n'est pas et ne sera pas en danger[13]. » Après avoir appris que les Allemands ont en réalité investi le fort du Portalet, Laniel et Le Troquer, l'avocat de Blum, revoient Laval dans l'après-midi. Le chef de gouvernement se montre encore rassurant : « Quoi qu'il puisse survenir, la sécurité de M. Mandel et de M. Reynaud seront entièrement assurées sous [ma] responsabilité personnelle[14]. » Laval dit qu'il a toutefois été « surpris par l'événement [l'invasion de la zone libre] mais qu'il s'est mis d'accord, dans la journée, avec les autorités allemandes, pour que contrairement à ce qu'il s'est produit ce jour-là, son gouvernement soit le seul à assurer la police du territoire[15] ». Le Troquer suggère qu'on aide Reynaud et Mandel à s'évader afin qu'ils échappent au joug allemand, mais Laval répond : « En aucun cas, car la France entière paierait[16]. »

Le 12 novembre, Joseph Besselère décide de se rendre à Vichy pour solliciter l'aide de Louis Marin, ancien ministre de Reynaud, et demander un entretien avec Pierre Laval afin qu'au-delà des promesses, le gouvernement prenne des dispositions permettant de garantir l'intégrité des personnalités détenues au Portalet. Il obtient de rencontrer le ministre de la Justice Barthélemy, qui lui assure avoir vu Laval dès que le fort a été occupé. Laval lui a, aussi, garanti « personnellement » la sécurité des internés du Portalet, et il a été entendu avec Abetz que cette affaire était une affaire strictement française devant être réglée « entre Français[17] ». Besselère rencontre également Pierre Cathala, secrétaire d'État à l'Économie nationale, à qui il raconte les événements de la veille, dont il a été le témoin. Cathala démarche alors Laval, qui lui répond : « Je savais que M. Mandel faisait preuve d'un grand courage. Mais faites-lui bien dire qu'il n'a aucune inquiétude à avoir car tant que je serai en place, il ne lui arrivera rien[18]. »

Paul Reynaud adresse le même jour un nouveau télégramme inquiet à Pétain :

> Des soldats allemands en armes occupent le fort du Portalet. Ainsi donc après avoir il y a un an condamné à la détention dans le fort sans qu'il ait été inculpé, sans qu'il ait été

entendu, sans même qu'il sache quels griefs ont été articulés contre lui, votre ancien chef, parce qu'il avait refusé de capituler, vous le livrez maintenant à l'ennemi. Ce nouveau crime me trouve prêt car j'ai du moins la fierté de pouvoir assurer que ma politique eut maintenu intacts l'honneur français et l'Empire français[19].

Auguste Champetier de Ribes, un ancien parlementaire qui a voté contre les pleins pouvoirs en juillet 1940, intervient lui aussi auprès de Laval. Le chef de gouvernement lui réitère les mêmes assurances au sujet de la sécurité des détenus et précise qu'il est hostile à leur transfert à Bourrassol, où sont encore Blum, Daladier et Gamelin : « Cela ne changerait rien, Vichy étant occupé il serait facile aux Allemands d'aller à Bourrassol[20]. » Champetier sollicite également le nonce, représentant le pape à Vichy. Il est rejoint par le père Carré qui a rendu une dernière visite aux prisonniers le 12 novembre. Le nonce se dit inquiet et assure qu'il va intervenir en faveur des détenus auprès du gouvernement, et demander au pape d'adresser une lettre personnelle à Laval.

Le dimanche 15 novembre 1942, Claude Mandel est autorisée par les Allemands à accéder au fort du Portalet. Elle rend une longue visite à son père, ignorant à cet instant qu'elle le voit pour la dernière fois.

Alors qu'elle rentre à Urdos, la jeune fille apprend que les Allemands la recherchent. Le père Carré prend l'initiative de l'emmener sans délai dans un pensionnat catholique proche de Pau, dont il connaît la directrice, Andréa Jacotin. Celle-ci a ouvert un établissement privé, « Le Paraclet », dans le village de Serres-Sainte-Marie avec des professeurs repliés comme elle en 1940, en provenance de la région parisienne. Claude va y être cachée de longs mois sous une fausse identité, aux côtés d'enfants juifs également accueillis par Madame Jacotin.

À Vichy, les gesticulations des ministres ne sont en réalité suivies d'aucun engagement concret des Allemands, qui se moquent de leurs démarches. Le 18 novembre 1942, Helmut Knochen, le chef de la Sipo-SD en France, se présente au fort du Portalet. Il est l'un des plus hauts responsables SS, ne rendant compte qu'à Carl Oberg, le chef de la SS et de la police allemande sur le territoire français. Knochen accède aux cellules de Georges Mandel et de Paul Reynaud, afin de s'assurer de leur présence et, sans doute, de leur faire comprendre qu'il est le nouveau maître du lieu. Il installe une garnison dans le fort, plus imposante que les sentinelles présentes jusqu'alors.

À Urdos, au même moment, la répression allemande s'abat sur les proches des deux éminents prisonniers. Raymond Ammar, déjà entravé quelques jours plus tôt, est arrêté sur la route au retour du Portalet. Identifié par les Allemands comme juif, il sera déporté au camp de Sachsenhausen et mourra le 18 février 1945 à Bergen-Belsen à quarante-six ans. Le même jour, c'est au tour de Christiane Mabire, la secrétaire et future épouse de Paul Reynaud, d'être arrêtée à Urdos et emmenée à Fresnes. Elle sera par la suite déportée à Ravensbrück jusqu'en juillet 1943, puis autorisée à rejoindre Reynaud à Itter, en Autriche, jusqu'à la fin de la guerre.

Sans nouvelles de leurs soutiens partis à Vichy, Mandel et Reynaud comprennent le 19 novembre que leur transfert est inéluctable et même imminent. Dans la nuit, le surveillant-chef, nommé Bas, leur lit un télégramme urgent en provenance de Vichy : « Un accord est intervenu entre les deux gouvernements pour le transfert des détenus dans un village[21]. » Le fonctionnaire en conclut qu'ils pourraient bien être envoyés à Bourrassol, sous responsabilité française puisqu'il y a accord. La nuit des deux prisonniers va être courte. Le 20 novembre, à 8 heures, le surveillant-chef, blême, revient devant leurs cellules. Il annonce que leur destination sera finalement Bordeaux, sans autre explication. Les deux hommes doivent se rendre à l'évidence : on va les livrer aux Allemands.

Le transfert

Paul Reynaud demande aussitôt à adresser un télégramme à Pétain et à Laval, qu'il griffonne rageusement : « Au moment où vous me livrez à l'ennemi, je vous réponds : Vive la France[22]. » Mandel n'a lui pas le temps de rédiger le sien. Seul le début d'un télégramme de sa main sera retrouvé : « Dans quelques instants, dans quelques minutes,[23]... » Le départ est annoncé pour 11 h 30. On enjoint à Reynaud et Mandel d'emporter avec eux le strict minimum. À la sortie du fort, les deux hommes découvrent l'escorte qui les accompagnera. Helmut Knochen est là, à la porte. Un imposant détachement de soldats allemands les attend dans cinq véhicules, devancés par trois motocyclettes. Derrière eux, un commissaire de police et un gendarme sont là, gênés. Le lieutenant-colonel Vidalat et le surveillant-chef Bas montent avec les prisonniers en voiture. Le long convoi se met en branle, direction Bordeaux.

De façon inattendue, un cliché de l'instant du départ existe. On y distingue Georges Mandel – faussement

Georges Mandel quittant le fort du Portalet le 20 novembre 1942 entre soldats allemands et gendarmes français. À sa gauche, il s'agit probablement de Helmut Knochen. © Roger-Viollet/Roger-Viollet

légendé comme étant Paul Reynaud sur la photographie d'origine - sortir du fort du Portalet et monter en voiture, sous l'œil attentif de soldats allemands, dont le chef, en retrait, semble être Helmut Knochen. De l'autre côté, des gendarmes français, passifs, assistent à la scène. Derrière Mandel, dans l'ombre de la casemate, on semble distinguer Paul Reynaud qui le suit.

Paul Reynaud et Georges Mandel parviennent à Bordeaux en fin de journée le 20 novembre 1942, après avoir passé la ligne de démarcation à Orthez et traversé Dax. Ils sont incarcérés au fort du Hâ, la prison située dans le centre de la capitale girondine qui dispose d'un quartier allemand.

Contrairement à ce qui a été préalablement convenu entre René Bousquet, le secrétaire général pour la police à Vichy, et les Allemands, les deux internés ne demeurent pas sous la garde des autorités françaises, mais sont immédiatement placés dans la section allemande de la maison d'arrêt[24]. Les policiers et les gendarmes français qui les ont escortés sont invités à quitter les lieux dès leur arrivée à Bordeaux.

Mandel et Reynaud s'attendent à être détenus pour un certain temps au fort du Hâ, raison pour laquelle Mandel a demandé et obtenu que Baba Diallo soit également emmené à Bordeaux. Le domestique ne suivra pas l'ancien ministre et sera confronté à un destin tragique. Arrêté par les Allemands et transféré au camp de Royallieu, près de Compiègne, il sera déporté le 17 janvier 1944 vers Buchenwald. Classé comme « détenu français politique » par les nazis, il mourra de la tuberculose au camp de Buchenwald le 11 octobre 1944.

En réalité, le séjour de Reynaud et Mandel au fort du Hâ va être de très courte durée. Placés en cellules individuelles, ils se voient énoncer le règlement intérieur. Tout cela se révèle bien superflu : dès 23 heures, un soldat allemand réveille les deux détenus et leur annonce un départ immédiat. Ils sont extraits, sans le moindre bagage, et emmenés dans une ambulance en direction d'une caserne. Les policiers bordelais, qui ont reçu l'ordre de surveiller l'entrée de la prison, constatent à 23 h 55 la sortie du véhicule médicalisé sans réaliser que Reynaud et Mandel s'y trouvent cachés par les Allemands[25]. Le *Kommandeur der Sipo-SD* à Bordeaux, Hans Luther, refuse de transmettre la moindre information à leur sujet à la préfecture.

Arrivés dans la caserne, Mandel et Reynaud sont placés dans des véhicules plus conventionnels, toujours escortés par des militaires allemands. Ils sont dès lors isolés l'un de l'autre, et comprennent que le convoi se dirige vers le nord en voyant passer Angoulême[26]. Au milieu de la nuit, ils s'arrêtent devant une prison. On les fait sortir, et on les place dans des cellules, avec pour seul couchage une paillasse sur une planche en bois. Georges Mandel et Paul Reynaud se trouvent, sans le savoir, à la maison d'arrêt de Tours, qui dispose elle aussi d'un quartier allemand où sont gardés les prisonniers politiques. Ils sont maintenus deux jours dans l'établissement, jusqu'au 22 novembre 1942, ignorant ce qu'on leur réserve pour la suite. Le soir du 22, les gardes allemands entrent dans les cellules des deux hommes et, après avoir claqué les talons et fait un salut nazi, leur annoncent un nouveau transfert dans la nuit, prévu à 1 h 45, refusant d'en donner la destination. À l'heure dite, Mandel et Reynaud sont invités à monter dans deux véhicules différents qui quittent la maison d'arrêt, avant de s'arrêter le long d'une voie ferrée. Ils y attendent de longues minutes, dans un froid glacial. Mandel, revêtu de son inusable pelisse, est gelé. À 3 heures, un train s'arrête. On fait monter les prisonniers dans des compartiments séparés et mal chauffés. « Mandel est à l'autre bout du wagon, emmitouflé dans sa fourrure[27]. » Le voyage va encore durer vingt-quatre heures. Le 24 novembre 1942, en milieu de journée, le convoi s'arrête dans une gare de marchandises. Georges Mandel comprend enfin où il a été amené : il est à Berlin. Avec Paul Reynaud, ils sont les premiers déportés français dits « d'honneur » à être transférés en Allemagne.

Durant l'interminable voyage de Georges Mandel et de Paul Reynaud, qui aura duré quatre jours entre le fort du Portalet et l'Allemagne, leurs avocats sont inquiétés. Après Raymond Ammar déjà arrêté à Urdos le 18 novembre, c'est au tour de Maurice Garçon et de Joseph Besselère d'être tous deux interpellés par la police allemande le 21 novembre à Paris. On vient les chercher à l'aube et, au cours de perquisitions, on saisit tous les dossiers qui ont trait au cas de Georges Mandel. Les Allemands veulent savoir ce que Mandel a déclaré au fil des entretiens avec ses avocats. Amenés au siège de la Sipo-SD, Maurice Garçon et Joseph Besselère sont interrogés, mais refusent de parler. Ils sont finalement libérés, mais n'obtiennent pas de se voir restituer leurs dossiers sur Mandel[28].

Scandalisé, Maurice Garçon se rend à Vichy avec Jacques Charpentier et demande à rencontrer Pierre Laval le 23 novembre, comme une ultime démarche en faveur de leurs clients. Ils sont en fait reçus par Pierre Cathala, dont le portefeuille des Finances n'a rien à voir avec l'objet de leur visite. « Nous venons savoir les intentions du gouvernement », lui indiquent les deux avocats. Cathala lève les bras, répond que le gouvernement a été surpris de l'intervention allemande au Portalet et va faire une protestation.

> « Est-ce assez ? demande Garçon.
> — Nous ne sommes pas les maîtres, dit Cathala.
> — Au moins devait-on la protection à des hommes qu'on a privés de leur liberté ! Au lieu de cela, on les a livrés, s'insurge l'avocat.
> — Non on les a pris ! se défend le ministre.
> — Mettons qu'on les a laissé prendre... Vous aurez à en répondre devant le pays », achève Garçon[29].

Les avocats ressortent de leur entretien à la fois dépités et furieux. Ils ont désormais la certitude que Vichy ne fera rien pour sauver Mandel et Reynaud, dont ils n'ont plus de nouvelles depuis leur départ du Portalet le 20 novembre. Après avoir promis de protéger *sous sa responsabilité personnelle* les deux hommes, Pierre Laval ne répond plus de leur sort. Pétain, lui, s'est montré totalement absent au cours de la semaine durant laquelle les soutiens de Mandel et de Reynaud ont multiplié les démarches à Vichy. Par leur immobilisme coupable, leur lâcheté, les hommes de Vichy laissent deux de leurs compatriotes aux mains des Allemands.

Ce que ne savent pas Garçon et Charpentier, c'est que le gouvernement lui-même ignore où se trouvent Mandel et Reynaud. À Bordeaux, des policiers sont maintenus en garde statique jour et nuit devant le fort du Hâ, sur ordre de Bousquet, depuis le 20 novembre pour signaler toute sortie des deux prisonniers. La surveillance ne sera levée que le 30 janvier 1943 lorsque, penaud, le préfet de la Gironde, Maurice Sabatier, en recevra l'instruction par le *Kommandeur* Luther et réalisera que Mandel et Reynaud ont quitté Bordeaux depuis longtemps[30].

Le 24 novembre 1942, Pétain se limite à adresser une vague protestation à l'ambassadeur Abetz, demandant de façon absurde que Paul Reynaud et Georges Mandel soient remis, dès que possible, aux autorités françaises. À cette lettre aussi tardive que grotesque, il ne reçoit aucune réponse.

En 1944, dans les affaires de Georges Mandel, on retrouvera sur lui un feuillet avec une inscription écrite rageusement de sa main : « Vichy : le déshonneur dans la lâcheté[31]. »

CHAPITRE 9

La déportation

De Sachsenhausen à Buchenwald
24 novembre 1942 - 4 juillet 1944

En moins de cinq jours, Georges Mandel et Paul Reynaud ont été exfiltrés vers l'Allemagne, au prix de plusieurs transferts successifs, preuve qu'ils constituent des cibles prioritaires de l'appareil d'État nazi, qui n'attendait que l'invasion de la zone sud pour mettre en œuvre leur déportation. Lorsque les deux prisonniers spéciaux arrivent à la gare de Berlin le 24 novembre 1942, les soldats allemands qui les surveillent laissent place à des agents en civil. C'est la Sipo-SD qui est désormais chargée de leur sort. Ils sont escortés jusqu'au siège du *Reichssicherheitshauptamt* (RSHA, Office central de la sûreté du Reich)[1], situé au 102 Wilhelmstrasse, à Berlin. Reynaud et Mandel découvrent avec étonnement les rues préservées de la capitale allemande. Ils s'attendent à être interrogés, peut-être rudement. En réalité, on les fait attendre longuement dans des bureaux séparés, où ils passent l'après-midi. À la tombée de la nuit, nouveau départ. Les deux éminents prisonniers sont séparés l'un de l'autre. Leur transfert se fait en voiture, de manière isolée, sans qu'ils ne sachent où ils vont.

Au secret à Sachsenhausen

Après quarante-cinq minutes de route, ils parviennent à l'entrée d'un camp, passent une première puis une deuxième enceinte, où se trouve un bâtiment aux allures de prison. Reynaud et Mandel sont successivement placés par un colonel SS dans des cellules austères mais propres, sommairement aménagées. Ils sont sans le savoir au camp de Sachsenhausen, à Oranienbourg, à quarante kilomètres au nord de Berlin. Construit par les nazis en 1936, le camp a vocation à recevoir principalement des déportés politiques. Il comprend, dans une zone séparée des baraquements, une prison, dans laquelle sont incarcérés Mandel et Reynaud. Le régime de détention est sévère. Aucun courrier, aucune promenade ne sont autorisés dans un premier temps. La lumière s'éteint chaque soir à 21 heures précises.

Seul le témoignage de Paul Reynaud permet de disposer d'éléments sur leurs conditions de détention à Sachsenhausen. Les deux hommes sont en effet mis au secret et peu d'archives subsistent de cette période. On sait qu'un commandant SS rend régulièrement visite à Reynaud, sans doute pour renseigner les dignitaires nazis de ses réactions en cellule. L'ancien président du Conseil se procure miraculeusement une radio, proteste sur ses conditions de détention et finit par obtenir l'autorisation de se promener une demi-heure par jour au bout de plusieurs semaines. On entoure la présence de Reynaud et de Mandel de toutes les précautions : personne ne doit savoir qu'ils sont détenus à Sachsenhausen. Les nazis

Photographie aérienne du camp de Sachsenhausen prise par la Royal Air Force en 1943.
On distingue la prison en forme de T en haut de la photo,
où a probablement été détenu Georges Mandel. © Photo12/Alamy/CBW

les désignent dans la prison par des noms d'emprunt ; lorsque chacun d'eux sort pour se rendre à la douche, les prisonniers chargés des corvées sont évacués. Les deux Français ont à peine le temps de les apercevoir, vêtus d'uniformes à rayures bleues et blanches[2].

Reynaud et Mandel doivent leur placement dans la prison du camp à leur statut de *Sonderhäftling/ Ehrenhäftling,* qui peut se traduire par « prisonnier spécial/prisonnier d'honneur ». Pour cette raison, ils ne sont ni enregistrés ni traités comme les autres déportés du camp - pour autant, ils ne bénéficient nullement d'un quelconque régime politique à Sachsenhausen. C'est pour cette raison que durant plus de quatre mois, de novembre 1942 à avril 1943, Mandel et Reynaud vont demeurer à l'isolement total, subissant une détention rigoureuse dans un univers carcéral, sans comparaison néanmoins avec le régime concentrationnaire appliqué aux déportés du camp voisin.

La nouvelle de leur transfert en Allemagne fuite en France le 27 novembre 1942, grâce aux radios alliées[3]. Depuis leur départ le 20 novembre, personne en France ne savait s'ils étaient encore en cachot à Bordeaux, ou s'ils avaient été conduits ailleurs. Les deux prisonniers ne sont pas autorisés à écrire à leurs proches. Ne disposant d'aucune feuille de papier, Georges Mandel se résigne à prendre des notes sur les marges des rares journaux en français qu'on lui donne à lire - les feuilles collaborationnistes *Paris-Soir* et *L'Écho de Nancy*. Le 12 décembre 1942, de son écriture minuscule, il note : « Je tiens à déclarer que si je meurs dans ma cellule, ce ne sera pas de mort volontaire[4]. »

Le 30 décembre 1942, un représentant du ministère des Affaires étrangères allemand vient pour la première fois s'enquérir de l'état et des besoins de Mandel à Oranienbourg. Mandel le saisit d'une triple requête, déjà faite au commandant du camp : il demande *primo* à correspondre avec les siens « qui n'avaient pas été prévenus de mon transfert en Allemagne et qui ne savent pas ce que je suis devenu, pas plus que je ne sais s'ils sont encore en vie[5] » ; *secundo* à se faire livrer des colis de vivres comme le peut tout prisonnier de guerre ; et *tertio* à voir son avocat de Paris en vue de prendre des dispositions pour autoriser le règlement de subsides à sa fille, dont il craint qu'elle soit « dans un complet dénuement ». Le représentant allemand indique à Mandel que les deux premières demandes devraient être satisfaites. En réalité, il n'obtient aucune réponse à la suite de cet entretien, le poussant à transmettre un courrier rappelant ses demandes au début de l'année 1943.

Les journées de Georges Mandel se révèlent « effroyablement mornes[6] ». En l'absence de lecture, de promenades et, surtout, de nouvelles de ses proches, l'ancien ministre souffre. C'est pour lui « un grand trou noir[7] ». Il parvient heureusement à rester optimiste quant à l'issue de la guerre : le 7 février 1943, il ressent une « bonne impression[8] » grâce aux bribes d'informations qu'il parvient à lire sur l'évolution de la guerre. « Ce sera encore très long (ce dont je n'ai jamais douté) mais issue de moins en moins douteuse[9]. » Probablement fait-il référence à la bataille de Stalingrad, dont les Soviétiques viennent de sortir victorieux au prix de centaines de milliers de morts, qui préfigure un retournement de la situation sur le front de l'Est. Le même jour, Mandel a un pressentiment plus immédiat : « Certitude Paul Reynaud est ici[10]. » Il ne se trompe guère : le 20 février 1943, Reynaud remarque au cours de sa promenade que le vasistas d'une cellule semble différent des autres, et qu'il est systématiquement fermé. Il s'imagine que cela pourrait être la cellule de Mandel, qui a les courants d'air en horreur. En passant devant l'ouverture, l'ancien président du Conseil demande à plusieurs reprises : « Qui est là ? » « Mandel ! » lui répond-on. « Pour la première et la dernière fois de ma vie, je le tutoyai : "c'est toi, Mandel ?" Je l'aperçois par la fente entre l'imposte et le mur. Je le trouve pâli. Il me dit : "Je souffre cruellement d'être sans nouvelles." Dès lors nous eûmes une ou deux minutes de conversation presque chaque jour[11]. »

Rassuré d'avoir rétabli le contact avec Paul Reynaud, Georges Mandel reste néanmoins inquiet quant au sort réservé à sa fille Claude et à Béatrice Bretty. Il ignore alors que Claude, qui vient de fêter ses treize ans, est encore scolarisée dans la pension catholique qui l'accueille depuis novembre 1942 près de Pau. Elle échappe à cette époque à une rafle de la Sipo-SD dans l'établissement tenu par Andréa Jacotin, qui a le temps de cacher ses élèves juives dans les bois avoisinants et de leur enjoindre d'y rester tant que les professeurs ne viendront pas les chercher. Andréa Jacotin sera reconnue Juste parmi les nations en 2003, pour avoir caché et sauvé ces enfants dans son pensionnat durant l'Occupation.

À Sachsenhausen, Georges Mandel ne se lasse pas d'exiger de pouvoir écrire à sa fille, et de recevoir de ses nouvelles. Il s'en plaint une première fois au commandant du camp le 20 mars 1943 :

> Je rappelle que c'est le 20 novembre 1942 que j'ai été livré aux autorités allemandes. Il y a donc quatre mois que je suis emprisonné, mis au secret, empêché de correspondre avec les miens et que, de ce fait, mon enfant est peut-être dans un complet dénuement. Je demande qu'on veuille bien le dire à M. le ministre des affaires étrangères du Reich

personnellement pour que nul ne puisse prétendre par la suite qu'il ne l'a pas su[12].

Le 2 avril, il réitère :

Monsieur le commandant du camp, je vous réitère le désir dont je vous ai fait part. Voilà plusieurs semaines que je n'ai pas eu de nouvelles des miens et j'en souffre. Aussi, vous serais-je reconnaissant de demander à qui de droit de me permettre d'envoyer quelqu'un à mes frais à Pau pour s'assurer si Madame Bretty et Mademoiselle Claude Mandel, ma fille, sont au moins toujours en vie. Je tiens à vous signaler que depuis plusieurs jours je n'ai pas eu de journaux de langue française et les derniers qu'on m'a remis remontaient au 25 mars ! 133 jours, 19 semaines exactement[13].

Il réécrit le 9 avril, s'agace de ne recevoir aucune réponse :

Monsieur le commandant du camp, je ne voudrais pas vous déranger, et pourtant, je désirerais vous entretenir de plusieurs questions, l'une notamment intéressant ma santé. Je me permets donc de vous demander de bien vouloir pousser jusqu'à ma cellule, si vous venez à la prison. Je vous remercie d'avance et vous prie d'agréer, Monsieur le commandant, l'assurance de mes sentiments distingués. Georges Mandel[14].

Ses requêtes restent lettre morte. Durant les longs mois que Mandel va passer à Sachsenhausen, il ne sera jamais autorisé à recevoir ou à adresser le moindre courrier à sa famille. On ne l'oublie pas pour autant du côté de la France libre. Le 14 mars 1943, *La Marseillaise*, journal français basé à Londres, publie un texte cinglant de Georges Bernanos, qui prend le soin d'évoquer le sort de Georges Mandel :

> [...] Quant à Mandel, vous vous dites peut-être que n'ayant jamais montré beaucoup de goût pour les juifs[15], je ne parlerai pas de celui-là ? Détrompez-vous ! C'est lui que vous haïssez le plus, vous et vos maîtres. À ce titre, il m'est mille fois plus sacré que les autres. Si vos maîtres ne vous rendent pas Mandel vivant, vous aurez à payer ce sang juif d'une manière qui étonnera l'histoire - entendez-vous, chiens que vous êtes - chaque goutte de ce sang juif versé en haine de notre ancienne victoire nous est plus précieuse que toute la pourpre d'un manteau de cardinal fasciste - est-ce que vous comprenez bien ce que je veux dire, amiraux, maréchaux, excellences, éminences, et révérences ? Après avoir mis vos prestiges et vos argents sous la protection de Hitler, est-ce que vous croyez encore les sauver grâce à la vertu de certains principes que vous vous vantez de défendre ? Oh ! Votre cause est désormais trop désespérée pour que nous soyons tentés de vous haïr, nous aurions plutôt envie de vous plaindre. [...] N'essayez pas de vous jeter aux genoux d'une tradition que j'honore, comme un assassin se réfugie au pied de l'autel ! Nous vous refuserons le bénéfice du droit d'asile, nous vous jetterons sur le parvis, pour être livrés au bourreau[16].

Georges Bernanos est alors exilé au Brésil, avant de rentrer en France en 1945. À sa mort, en 1948, il sera enterré, par une étrange coïncidence, au cimetière de

Pellevoisin, le village de sa famille maternelle, à quelques mètres de l'hôtel de pèlerins où Georges Mandel a été interné fin 1940.

En mars et avril 1943, Paul Reynaud écrit lui aussi au commandant du camp, principalement pour faire état de la dégradation de son état physique liée aux mauvaises conditions de détention. Le 16 avril, il obtient d'être transféré dans un nouveau lieu, qu'il croit être un camp différent de celui de Sachsenhausen. En réalité, il est simplement déplacé dans un autre quartier du camp, où se trouvent des pavillons en bois. Les conditions de vie y sont plus favorables - Reynaud peut circuler librement dans la petite villa qui lui est attribuée et bénéficie d'une cuisine, d'une salle de bains et de fenêtres pour la première fois sans barreaux. Mandel, qui a obtenu depuis plusieurs semaines des feuilles de papier, consigne dans son journal son regret de voir partir son codétenu :

> Départ P. Reynaud ce soir 9 heures. Isolement sera donc total. Comme le lui ai dit, si le revois, ce ne sera peut-être pas avant 2 ou 3 ans. [...] P.R. [Paul Reynaud], avant départ, s'est montré affectueux : « Sachez que vous avez en moi un ami. C'est une chose rare... Je vais maintenant faire porter mon effort sur vous, en vue d'améliorer votre régime. » Lui ai dit peine que me causait son départ[17].

C'est la première fois que Georges Mandel et Paul Reynaud se disent leur amitié. Leurs relations, exclusivement politiques en 1940, se sont transformées en une proximité sincère face à l'épreuve commune de l'internement, puis de la déportation.

À partir de cette date, Georges Mandel va être soumis par les nazis à un régime de détention différent de celui de Paul Reynaud, vraisemblablement parce qu'il est juif. Il est dans un premier temps maintenu dans la prison de Sachsenhausen, tandis que Reynaud bénéficie dans son nouveau pavillon d'un régime amélioré[18], que les Allemands se targuent de réserver aux *Ehrenhäftlinge*[19]. À l'isolement total, Mandel vit des jours difficiles après le départ de son ami. « Ravagé par chagrin, pense avec une infinie tristesse à ma pauvre petite Claude qui aura eu enfance si douloureuse. [...] Je gravis un terrible calvaire. [...] Entrerai dans moins d'une semaine dans mon 6e mois de détention en Allemagne[20] », note-t-il, amer, le lendemain du départ de Reynaud, le 17 avril 1943. Quelques jours après, il écrit : « Journée très triste. Suis obsédé par Pau [où se trouvent Béatrice Bretty et Claude], poursuivi par pensées tristes, songe aux vacances de Pâques[21]. »

Ce qu'ignore Mandel, c'est que ses amis du cercle clémenciste sont eux aussi, et au même moment, visés par les nazis en France. En février 1943, Michel Clemenceau adresse une lettre ouverte à Pierre Laval lui interdisant de revendiquer la figure et la mémoire de son père. Il est arrêté par la police allemande le 9 mai 1943, puis déporté en qualité de personnalité-otage à Itter, dans le Tyrol autrichien, en raison de son seul nom. Quant au général Henri Mordacq, l'ancien chef du cabinet militaire de Georges Clemenceau, il est retrouvé inconscient dans la Seine le 12 avril 1943 à Paris, avant de décéder quelques heures après. Les Allemands, qui considèrent Mordacq comme juif, annoncent aussitôt qu'il s'agit d'un suicide, tandis que l'enquête de police est bâclée et rapidement clôturée.

L'ombre de la vengeance nazie plane plus que jamais sur les anciens proches de Clemenceau en ce printemps 1943.

Début mai, une rumeur se répand à Vichy : Georges Mandel serait mort en prison en Allemagne. Elle n'est démentie que fin mai, avant de ressurgir en juin. Chaque fois, les Allemands se plaisent à laisser le murmure se propager avant de le démentir, pour mieux discréditer les radios libres[22]. Entre-temps, le 8 mai, Georges Mandel est transféré sans préavis au camp de Buchenwald.

Le « petit ghetto » de Buchenwald

Georges Mandel ignore la raison pour laquelle on le transfère le 8 mai 1943. Il est conduit sans explication au camp de Buchenwald, situé près de Weimar, à trois cents kilomètres au sud d'Oranienbourg. Deux surprises l'attendent : il constate d'abord, soulagé, qu'il ne va pas être placé dans le camp principal, mais dans une petite maison forestière attenante. Surtout, il découvre avec stupéfaction qu'un autre détenu l'attend : Léon Blum. L'ancien président du Conseil du Front populaire a été déporté le 3 avril 1943 avec Daladier et Gamelin. Ces deux derniers ont quitté la maison de Buchenwald le 2 mai pour le château d'Itter. C'est donc seul que Blum reçoit Mandel dans la maison forestière - qui se révèle être une ancienne fauconnerie construite en 1938 par les SS, sur ordre de Himmler -, où ils sont libres de communiquer entre eux. L'ancien chef du Front populaire sait depuis le 29 avril qu'il va être rejoint par Mandel - au commandant du camp qui le lui a annoncé, Blum a répondu : « Ce sera un petit ghetto[23] », paradoxalement réconforté de ne pas rester seul à Buchenwald.

Si Georges Mandel est rassuré de subir un régime moins drastique qu'à Sachsenhausen et de rompre son isolement, il ne se fait aucune illusion sur la raison qui amène les Allemands à le réunir avec Léon Blum : tous deux sont juifs, et c'est un traitement spécial qu'on leur réserve, au moment où les autres « prisonniers d'honneur » français sont progressivement rassemblés à Itter.

Ils sont étonnés, le 11 mai, de voir arriver Paul Reynaud dans la petite maison de Buchenwald. Celui-ci leur indique qu'il ne va pas rester bien longtemps, car il doit être transféré, depuis Sachsenhausen, jusqu'au château d'Itter. En raison de la distance entre les deux villes, les Allemands ont prévu une étape d'une nuit à Buchenwald. « Je n'avais pas revu Blum depuis que je l'avais aperçu en décembre 1941 dans un couloir du Portalet. Lorsque je les quitte, le lendemain, Blum est plein de chaleur affectueuse, à son ordinaire. Quant à Mandel, il me regarde longuement, comme s'il avait le pressentiment que nous ne nous reverrions plus[24]. »

Après cette visite inattendue, les journées de Mandel et de Blum prennent une forme de routine, nécessairement moins abrupte qu'à Sachsenhausen. Les deux hommes bénéficient même d'un domestique, nommé Joachim Escher, qui aide aux tâches ménagères et à la cuisine. Son profil inattendu ajoute à l'irréalité du moment : Escher est un Allemand de vingt-huit ans, déporté car Témoin de Jéhovah et objecteur de conscience. Il a été sélectionné par le commandant du camp de Buchenwald pour assurer un rôle de domestique dans la fauconnerie auprès des deux prisonniers français à qui il ne doit pas adresser la parole[25]. Curieux, Blum et Mandel parviennent toutefois à s'entretenir avec lui régulièrement, grâce aux rudiments de français du jeune homme.

À l'extérieur, vingt-cinq à trente gardes SS sont affectés à la surveillance de la maison forestière, qui est cernée par une palissade doublée de barbelés. Ils patrouillent en permanence autour du pavillon, avec un chien en laisse, sur l'allée qui sépare l'ancienne fauconnerie de la clôture. Les deux prisonniers sont autorisés à se promener chaque jour sur cet étroit chemin qui fait le tour de la maison forestière.

La maison forestière de Buchenwald, ancienne fauconnerie où sont détenus Blum et Mandel. © Buchenwald Memorial Collection

Le 25 mai 1943, Mandel écrit au commandant du camp, pour rappeler qu'il « attend ses bagages depuis 18 jours, et que faute de ceux-ci il est privé tout à la fois de livres, de linge, d'effets et d'objets de toilette[26] ». Il rappelle que depuis plus de six mois, il n'a reçu aucune lettre, ni le moindre mot de son enfant. En quelques jours, la situation se débloque. Georges Mandel obtient de se faire livrer sa bibliothèque de livres, ce qui ravit Léon Blum qui peut ainsi renouveler ses lectures. Surtout, ils sont enfin autorisés à écrire à leurs proches, et on leur promet que le courrier extérieur pourra leur être acheminé *via* le siège du RSHA à Berlin, y compris des colis alimentaires pour améliorer leur ordinaire.

Georges Mandel et Léon Blum, anciens adversaires politiques, ont plaisir à entamer de longues discussions, alors que leurs chemins se sont déjà croisés à Chazeron et au fort du Portalet, où ils n'avaient pas été autorisés à échanger. Compagnons de malheur, l'homme de droite et le socialiste vont, contre toute attente, sympathiser. « Je fais fort bon ménage avec mon compagnon [Mandel], qui est parfaitement digne de la sympathie instinctive qu'il vous inspirait[27] », écrit Léon Blum à sa belle-fille. Dans ses lettres, il recourt toujours au terme affectueux de « compagnon » pour désigner Mandel. Chacun apprécie les conversations de l'autre, et ils se révèlent bien plus proches que ce qu'ils auraient pu imaginer avant-guerre. « Le compagnon [Mandel] est toujours d'une société sûre, discrète, pleine de tact et de ressource, écrit Blum. Il m'instruit de beaucoup de choses passées ; nous nous entendons en tout point sur le présent et en de multiples points sur l'avenir[28]. » Ils se retrouvent sur de nombreux sujets : sincères républicains, éternelles victimes d'antisémitisme, ils détestent l'un comme l'autre le régime en place à Vichy et les hommes de paille qui y font figure de gouvernants au service de l'ennemi.

Blum s'engage dans l'écriture de lettres à son fils Robert, officier en captivité dans un oflag[29]. Quant à Mandel, il peut enfin adresser des courriers à ses proches et leur demander des nouvelles. C'est ainsi qu'il écrit à Joseph Besselère le 8 juin 1943, pour décrire son calvaire depuis le transfert au fort du Hâ, à Bordeaux, en novembre 1942, notant néanmoins qu'il est bien traité maintenant qu'il est détenu dans la maison forestière de Buchenwald[30]. Il apprend à Besselère que Blum espère être rejoint en Allemagne par sa compagne Jeanne Reichenbach. Son correspondant lui répond le 12 juillet, en indiquant qu'il s'évertue à mettre en place la transmission de courriers entre l'ancien ministre, Béatrice Bretty et Claude, *via* l'ambassade d'Allemagne à Paris. Des lettres se sont sans doute perdues, car Béatrice Bretty et Claude ont quitté Pau depuis plusieurs mois, après que leur hôtel a été réquisitionné par les Allemands. Bretty est désormais installée au grand hôtel Tivoli, à Toulouse. Le fidèle Besselère veut rassurer Mandel au sujet de Claude : « Elle a beaucoup grandi et s'est fortifiée. Le pensionnat lui fait le plus grand bien. Avec quel amour elle parle de son cher papa[31] ! »

Grâce aux démarches de Joseph Besselère, le lien épistolaire est rétabli entre Georges Mandel et sa fille en juillet 1943. Soulagé d'avoir enfin des nouvelles, l'ancien ministre multiplie les lettres à Claude, en lui écrivant dans les premiers temps chaque jour. Il détaille le moins possible les conditions de sa détention pour ne pas l'inquiéter, préférant l'interroger sur sa scolarité, ses activités et son état physique – Mandel craint que le rationnement ne perturbe la croissance de sa fille. Il espère que le pensionnat lui permet de profiter de l'air de la campagne, en l'invitant à ne pas commettre d'imprudences, car il veut la retrouver « intacte[32] ». Il félicite Claude pour son « écriture nette, style sobre mais décidé qui laisse espérer qu'[elle est] en bonne voie[33] ». Georges Mandel se montre rassurant sur son quotidien : « Ton papa va très bien et en dépit de tous les bruits répandus il n'a jamais eu le moindre bobo depuis son départ, car il se soigne de son mieux. Il s'est promis de vivre et il fait tout pour cela. Il veut vous revoir et essayer de vous faire oublier toutes les misères, toutes les douleurs qu'il vous a bien involontairement causées[34]. »

Il évoque aussi le manque que lui cause l'absence de ses proches : « Ah ! Tu ne saurais soupçonner, ma petite Claude, combien il m'en coûte d'être éloigné de vous dans les circonstances présentes, à cette époque cruciale de ton existence, et malheureusement ce ne sont pas tes lettres qui pourraient m'en consoler[35]. » Les courriers de Claude lui parviennent « avec une irrégularité croissante » au cours de l'été 1943. Il écrit à sa fille : « Ce silence aggrave sensiblement la cruauté de mon exil. [...] Je vais bien, vos bons colis m'aident d'ailleurs à me défendre physiquement. Je me tiens au courant dans la mesure du possible. J'essaye de m'abstraire en lisant beaucoup, et je rêve de l'époque bénie où nous serons tous trois réunis ensemble[36]. »

Entre-temps, Jeanne Reichenbach, éperdument amoureuse de Léon Blum et qui l'a soutenu au gré de ses transferts à Bourrassol et au Portalet, s'est mobilisée à Vichy pour obtenir que le gouvernement français soutienne sa demande de se rendre à Buchenwald, alors même qu'elle est juive, prenant là un risque insensé. Née Levylier, elle a d'abord épousé le célèbre avocat Henry Torrès, puis l'industriel Henri Reichenbach, qui décède en 1941. Pour parvenir à se rendre en Allemagne, Jeanne Reichenbach argue du fait que Léon Blum et elle souhaitent se marier. Contre toute attente, elle obtient gain de cause et arrive à Buchenwald le 18 juin 1943. Une telle faveur, accordée par les nazis à un otage honni, semble incongrue. Il est probable que Pierre Laval soit intervenu pour autoriser la venue de Reichenbach, peut-être en vue de se ménager des reconnaissances ultérieures, alors que le vent commence à tourner.

Le quotidien dans le huis clos de Buchenwald prend une nouvelle tournure : c'est désormais un couple uni qui tient lieu de compagnons à Georges Mandel. L'ancien ministre apprécie la bienveillance non feinte de Jeanne Reichenbach à son égard – il faut l'imaginer apprenant les rudiments du golf à Mandel devant la maison forestière, au moyen d'une branche et d'une pomme de pin[37] ! Mais l'ancien député girondin se sent bien souvent esseulé à côté des Blum, regrettant l'absence de Béatrice Bretty. Mandel envisage à un moment de demander à la faire venir, comme Blum l'a fait avec Reichenbach. Mais l'idée est vite abandonnée : Béatrice Bretty semble récalcitrante – Mandel écrit à sa fille que sa compagne « ne se décide toujours pas à venir » –, puis l'ancien ministre renonce à son projet[38], probablement en réalisant le risque qu'il ferait courir à Bretty et en préférant que celle-ci reste auprès de Claude.

Georges Mandel, vraisemblablement photographié
par Léon Blum à Buchenwald (date inconnue).
© Archives nationales (France), 544AP/75

Léon Blum et Jeanne Reichenbach, de vingt-sept ans sa cadette, sont finalement autorisés à se marier à Buchenwald par les autorités allemandes à la fin de l'été

1943. Le contrat de mariage est établi devant un notaire de Weimar le 27 août 1943[39]. La date et les circonstances du mariage proprement dit demeurent incertaines en l'absence d'archives : il est probablement célébré début octobre 1943[40] dans l'annexe de Buchenwald par un officier d'état civil de Weimar. Georges Mandel assiste, peut-être requis comme témoin, à l'invraisemblable cérémonie, que Blum souhaite garder secrète. Le 14 octobre, celui-ci écrit à son fils : « Il vient de se passer ici un événement d'une certaine importance. Tu devines bien lequel. Mais tu comprends bien aussi pourquoi Janot (et moi par conséquent) désirons que pour l'instant il reste strictement entre nous[41]. » Encore aujourd'hui, cette faveur inattendue, accordée par le pouvoir nazi au couple Blum, semble difficile à expliquer.

À l'automne 1943, une fois l'événement passé, le quotidien des trois détenus s'avère monotone et rythmé par les quelques activités routinières autorisées par leurs geôliers : ils alternent promenades autour de la maison et longs moments de lecture, permis par les stocks de livres que Blum et Mandel ont réussi à se faire acheminer – le second n'hésite pas à demander chaque mois des listes entières d'ouvrages à ses proches. Ils reçoivent leur courrier de façon irrégulière, désormais par l'intermédiaire de la Croix-Rouge. À Paris, c'est Joseph Besselère qui se charge de centraliser les lettres et colis destinés à son ancien chef, pour les déposer chaque semaine auprès de la Croix-Rouge[42]. Georges Mandel reçoit de rares courriers d'amis moins proches, comme Eugène Frot, ancien ministre de l'Intérieur en février 1934 qui lui avait rendu visite en septembre 1942 au Portalet. Le malheureux prisonnier, qui se sent abandonné par ses anciens collègues, est ému qu'un tel courrier lui parvienne et répond à Frot :

> Mon cher ami,
> Savez-vous que vous êtes un original ?
> Quand je suis devenu, pour quelques jours, ministre de l'Intérieur, j'ai reçu près de 5 000 cartes, lettres ou télégrammes de félicitations. Or vous êtes, en dehors des miens et de quelques collaborateurs, le seul qui ayez le courage de m'écrire depuis mon exil.
> Je n'en suis certes pas surpris. Mais je n'en suis pas moins très touché, et j'ai plaisir à vous adresser un bien sincère et affectueux merci.
> Sans doute me dites-vous que vous avez demandé l'autorisation de venir me voir. Je souhaite vivement qu'on vous l'accorde, mais je n'ose l'espérer, car l'on m'a refusé celle de recevoir ma fille et Madame Bretty pendant les vacances.
> Sachez du moins que ma santé ne fléchit pas. Mon installation matérielle est à peu près convenable. Je passe mon temps à écouter la radio et à lire, j'en suis au régime d'un volume par jour. Mais quelque cruel qu'il m'ait été – surtout à cause des miens – de quitter la France dans les conjonctures présentes, je ne regrette pourtant pas le Portalet – ne serait-ce que pour des raisons morales.
> Il est vrai que je ne puis ici m'abstraire en causant avec vous pendant d'inoubliables heures. Mais que ne compensez-vous en me donnant de ci, de là, de vos nouvelles ? Rien ne saurait me faire plus de plaisir. Encore mille remerciements et croyez-moi,
> Bien sincèrement vôtre,
> Georges Mandel[43].

Mandel et les Blum écoutent longuement de la musique classique à la radio allemande - pour l'essentiel, des compositeurs germanophones, de Beethoven à Brahms, Mozart, Schubert, Bach et Wagner. Ce sont enfin de longues conversations passionnées qui occupent Georges Mandel et Léon Blum. Ce dernier en témoignera plus tard avec émotion : « Il n'y a jamais eu entre nous de familiarité, ni même à vrai dire de connaissance personnelle. Mais nous avons passé quatorze mois dans la même maison et je puis aujourd'hui porter témoignage non seulement de sa passion patriotique, de son intelligence et de sa science politique, mais de l'admirable fermeté d'âme et d'esprit qui était, tout compte fait, le caractère distinctif de sa nature[44]. » Les deux hommes se découvrent et s'apprécient au fil des mois, réalisant qu'ils se connaissaient bien trop peu jusqu'à ce que les circonstances leur imposent un séjour commun.

Georges Mandel ne change nullement, comme le constate Blum :

> Il était toujours implacablement semblable à lui-même. Rien n'était altéré dans son visage, dans son maintien, dans son allure, dans son costume. Il portait jusqu'à ces faux cols hauts et rigides qu'à la fin, faute d'amidon, ma femme ne parvenait plus à entretenir. Il se promenait ganté, dans le petit chemin de ronde qui circulait entre les murs grillés de la prison et la palissade barbelée et qui nous servait de terrain de promenade. Vis-à-vis des officiers du camp, il le prenait assurément de plus haut qu'il n'avait jamais dû le faire avec ses collaborateurs du ministère. En toute heure,

> en toute chose il déployait une dignité arrogante, méprisante, qui, dans ce lieu et dans cet instant, était vraiment une forme de l'héroïsme. Il partageait son temps entre un peu de promenade, beaucoup de lecture, qui portait surtout sur les moralistes anciens, dont Plutarque était le favori, et les historiens modernes. Mais la plus grande partie de son temps, il la passait penché, courbé sur l'appareil de radio que non sans difficultés, ni sans périls, nous étions parvenus à mettre en service[45].

À la même période, Mandel apprend la mort d'Henriette Labout, la mère de Claude. Malade depuis plusieurs années, elle est décédée de la tuberculose le 11 juillet 1943 dans un sanatorium d'Arcachon, à seulement trente-neuf ans. Le 3 septembre 1941, craignant pour sa vie à Vals-les-Bains, l'ancien ministre avait rédigé un premier testament qui prévoyait l'octroi d'un versement annuel de cinquante mille francs à Henriette Labout pour « subvenir à ses besoins », tout en rappelant que Claude était « de droit [son] héritière[46] » et en désignant Béatrice Bretty comme exécutrice testamentaire, « qui a été pour [lui] une amie d'un cœur, d'un dévouement incomparable[47] ». Il avait également prévu un legs à son frère et à son neveu. Quant aux modalités de ses obsèques, Mandel avait précisé souhaiter « être enterré dans la plus stricte intimité. Un corbillard de 3e classe. Pas de fleur, de couronne. Moins encore de discours[48] », s'inscrivant dans la droite ligne de son maître à penser Georges Clemenceau. Après la mort d'Henriette Labout à l'été 1943, Georges Mandel décide de réécrire depuis Buchenwald son testament afin de supprimer la pension qu'il avait prévue en sa faveur, sans

Reconstitution du testament de Georges Mandel rédigé
à Buchenwald en 1943. © Archives nationales (France), 544AP/74

apporter d'autre changement. Il adresse l'original de ce nouveau testament à Béatrice Bretty, après en avoir rédigé un brouillon qu'il déchire et jette à la poubelle. C'est vraisemblablement par l'intermédiaire de Léon Blum qu'il parvient à transmettre le document en France – l'ancien chef du Front populaire l'indique plus tard dans un courrier à son fils[49].

L'original ne sera pas retrouvé, mais le brouillon sera heureusement sauvé par un incroyable concours de circonstances : Georges Angeli, un déporté français présent à Buchenwald, est préposé au laboratoire photographique du camp – il est notamment chargé de tirer les portraits des déportés. Il est aussi contraint d'assurer des corvées de ménage dans la maison du fauconnier située en bordure du camp de concentration. C'est à cette occasion qu'il trouve le document déchiré dans une corbeille et décide d'en conserver les fragments, jusqu'à sa libération. Angeli en transmettra la reconstitution et la retranscription partielle à Claude Mandel en 1982[50].

Le 15 novembre 1943, Georges Mandel se souvient avec émotion que cela fait maintenant un an qu'il n'a pas vu sa fille Claude. Il lui écrit le jour même :

> Tu remarqueras que je t'écris le 15 novembre 1943. Il y a un an, jour pour jour, que je t'ai vue pour la dernière fois. C'était au Portalet un dimanche. Tu venais de passer à Urdos près d'une semaine, qui avait d'ailleurs été fertile en incidents et tu m'as quitté pour retourner en classe le lendemain. Ce n'est pas sans mélancolie que j'évoque ce souvenir. J'espère que de ton côté tu ne l'as pas oublié. Ah !

> Sans doute à ton âge on ne regarde pas en arrière. Ce n'est que lorsque tu auras à ton tour des enfants que tu souffriras pour eux et que tu pourras soupçonner ce que ton père a pu endurer pour toi[51].

C'est aussi l'époque à laquelle Mandel apprend que les poursuites judiciaires lancées contre lui par la Cour de Riom sont définitivement abandonnées en l'absence de charges. Maurice Garçon est autorisé à lui écrire le 13 décembre 1943 pour lui annoncer que le rapport de l'expert Mulquin a été rendu en juin, et n'a fait ressortir aucune irrégularité dans les comptes de l'ancien ministre et de ses proches. La consolation est pour Georges Mandel bien tardive, et surtout inutile, maintenant qu'il est aux mains de l'ennemi.

Les trois cohabitants tiennent à fêter Noël 1943 et Janot, comme l'appelle affectueusement Léon Blum, fabrique des cadeaux improvisés. Elle offre des bas en laine à Georges Mandel, dont elle connaît la frilosité. L'hiver 1943-1944 est particulièrement glacial en Thuringe. L'ancien ministre note dans son carnet : « Décembre : nuit de l'année. Février : mois de la neige. Mars : celui des pluies froides[52]. » Le début de l'année 1944 est également marqué par les insomnies et la dégradation de l'état de santé de Mandel. Chaque jour, celui-ci relate consciencieusement dans son journal[53] ses mauvaises nuits - qu'il tente d'apaiser avec des soporifiques - et ses douleurs physiques. À la même période, ses geôliers durcissent les règles relatives au courrier. Mandel paye-t-il des mots jugés inacceptables par la censure allemande ? Durant plus de deux mois, il ne reçoit aucune nouvelle lettre de ses proches. Le 6 janvier 1944, il apprend « qu'on ne pourra plus échanger que deux lettres par mois, recevoir que deux colis et que si [ses] lettres sont toujours rédigées en termes provocants, on ne les acheminera plus[54] ». Il reçoit même la visite d'un officier « qui annonce que pour ce qui [le] concerne, [il] doit écrire à Gestapo pour promettre [un] "changement de style". [...] Impression plus que déplorable[55] ». Le coup est rude pour l'homme qui aime tant écrire et recevoir des nouvelles de sa compagne, de sa fille et de ses avocats. Ce n'est que le 31 janvier 1944 qu'il reçoit plusieurs courriers : « Enfin ! Ai reçu quatre lettres de Toulouse, ainsi qu'une lettre de Besselère, une de Brusset, deux de Michel, une du sénateur Desjardins et une autre de Monzie[56]. »

L'attente dans les bourrasques de neige à Buchenwald s'éternise. Blum et Mandel sont enfermés depuis plus de trois ans, et l'exiguïté du huis clos crée d'inévitables dissensions entre les trois otages en janvier 1944. Mandel note lapidairement : « Controverse plus qu'inutile avec Mme Léon Blum au sujet éducation des enfants et leurs goûts en matière culinaire, leur tenue à table. Admiration béate et ridicule de Léon Blum devant sa femme. Il se tient bouche ouverte en souriant amoureusement[57] ! » Il s'accroche heureusement aux nouvelles rassurantes de la guerre : apprenant que les Allemands reculent à l'est, l'ancien ministre sait la défaite du Reich inéluctable. Depuis son lieu de captivité, il entend les bombardements alliés qui visent chaque soir les villes allemandes, et notamment Weimar. Mais il ne fait preuve d'aucune naïveté – voire d'une intuition exceptionnelle : « Évolution générale guerre me donne certitude qu'elle ne sera pas terminée avant automne 1945. [...] Suis convaincu d'être encore en Allemagne pour 22 mois au moins, en supposant que tout se passe bien[58]. »

Le courrier revient progressivement et incite Georges Mandel à reprendre l'écriture de lettres à sa fille. Toujours soucieux de sa scolarité, il lui demande ses résultats en sciences humaines et les auteurs qu'elle s'astreint à lire. Il espère recevoir un almanach de l'année 1944 pour connaître les dates des fêtes religieuses et ainsi savoir quand Claude se trouve en vacances. De janvier à juin 1944, la santé de Mandel se détériore. Il souffre de l'estomac et des intestins, sans parvenir à bénéficier d'un diagnostic médical, et fait toujours face à des insomnies chroniques. Son état le préoccupe, l'obnubile même, au point de devenir l'objet principal des notes qu'il rédige chaque jour au printemps 1944, et l'on comprend que c'est surtout son équilibre psychique qui se dégrade.

Le 5 avril 1944, il rédige de façon inhabituelle une note à teneur politique, dénonçant les renoncements français des années 1930 : « Une des erreurs, des folies des 20 années de l'entre-deux-guerres : la manie des accords, des conventions, au lieu d'agir on forgeait un traité qu'on devait s'avouer incapable de faire respecter. Mais alors on en forgeait un autre. Gouverner, c'est agir. Pour les hommes de cette politique, c'est légiférer, mettre du noir sur du blanc, quitte à n'en plus tenir compte aussitôt après[59]. »

Les prisonniers de la maison forestière se doutent-ils de l'horreur qui se trame dans le camp voisin ? Si Buchenwald n'est pas un camp d'extermination, les conditions de détention y sont atroces. Cinquante-six mille déportés y décèdent entre 1937 et 1945, de faim, de maladie, victimes d'expériences médicales ou exécutés. Mandel et Blum ne parviennent pas à percevoir toute la barbarie à l'œuvre dans le camp. Léon Blum décrit précisément cette ignorance *a posteriori* :

> C'est [...] la rigueur de cette clôture qui explique un fait à première vue incompréhensible, je veux dire notre ignorance si longtemps prolongée sur les horreurs indicibles qui se perpétraient à quelques centaines de mètres de nous. Le premier indice que nous en avons surpris est l'étrange odeur qui nous parvenait souvent le soir, par les fenêtres ouvertes, et qui nous obsédait la nuit tout entière quand le vent continuait à souffler dans la même direction : c'était l'odeur des fours crématoires[60].

La transmission du courrier est encore irrégulière, mais les lettres de Claude parviennent à Georges Mandel tant bien que mal. Le 15 mai 1944, sa fille désormais âgée de quatorze ans lui envoie ses notes de classe, le rassure sur son état de santé et lui écrit : « Nous attendons avec impatience le moment de nous voir réunies auprès de toi toutes les deux. Nous voulons espérer que toi non plus tu ne souffres pas matériellement et que nous te retrouverons toujours aussi ferme et aussi vaillant[61]. » Claude souhaite à son père un bon anniversaire par avance : « Puisse-t-il être le dernier que je te souhaite par écrit. » Elle lui envoie un œillet rose, et signe : « Ta malicieuse Claude, qui ne t'oublie pas et qui t'attend[62]. »

Début juin 1944, le temps s'accélère – et les nouvelles de la guerre parviennent jusqu'à la fauconnerie de Buchenwald, grâce à la radio que Blum et Mandel ont réussi à trafiquer. Le 4 juin, les Alliés libèrent Rome : « Exaltation [de] Léon Blum marquée par [la] nouvelle apprise à 9 h 15 de l'entrée des Alliés à Rome[63] », note Mandel. Le 5 juin, celui-ci a cinquante-neuf ans, mais ne les fête pas : « Anniversaire. N'en dis mot. Un point lumineux : Rome[64]. » Le 6 juin, les prisonniers apprennent la nouvelle du débarquement allié en Normandie : « À 11 heures, [je] vais annoncer aux Léon Blum "petit événement". Débarquement des Alliés en Basse-Seine. Leur émotion... [...] Nouvelles en soirée satisfaisantes. Dans [l']ensemble, [elles] dépassent [l']espérance. Exaltation [de] Léon Blum[65]. » L'émotion des éminents prisonniers est désormais à son comble. Ils savent que tout peut aller très vite, en Normandie comme sur le front de l'Est. Ils suivent les nouvelles avec autant d'excitation que d'inquiétude quant à leur propre sort : « Progrès marqués sur tous les fronts. La guerre serait-elle en voie d'évolution plus rapidement[66] ? » note Mandel, alors que la réception du courrier de ses proches est de nouveau restreinte. Le 23 juin, il finit par recevoir plusieurs lettres de Béatrice Bretty et de Claude.

La situation militaire ne cesse d'évoluer, et Georges Mandel sait que cela peut déclencher un transfert à tout instant. Avec Blum, il s'interroge : un coup de force allié est-il envisageable jusque sur le territoire allemand ? « En cas d'alerte, il y a 26 soldats SS qui forment [une] chaîne pour nous garder. Ils ont ordre de ne pas nous laisser tomber vivants contre les parachutistes qui viendraient pour nous délivrer[67]. » C'est en fait un autre événement qui va susciter l'inquiétude de Mandel : le 28 juin, Philippe Henriot est assassiné à Paris. Le secrétaire d'État à l'information et à la propagande de Vichy est une personnalité majeure du régime, dont les éditoriaux sur *Radio-Paris* ont un indéniable impact sur l'opinion publique. Il est exécuté dans son ministère de l'information, rue de Solférino, à Paris, au petit matin par un groupe de résistants. La nouvelle ulcère les autorités de Vichy et les collaborationnistes les plus excités, qui tous savent que la fin est proche. Comme une prémonition, Georges Mandel note dans son journal le même jour : « Très mauvaise impression causée par [la] mort [d']Henriot[68]. » Ses compagnons d'infortune ne se montrent pas aussi inquiets que lui : « Naturellement, les Léon Blum d'un autre avis[69]. » Toujours clairvoyant, Mandel n'a qu'une crainte : que la mort d'Henriot soit vengée, et qu'il en soit la cible toute désignée.

CHAPITRE 10

L'assassinat

De Paris à Fontainebleau
4-7 juillet 1944

Dans les derniers jours de juin 1944, Georges Mandel, lucide, se sait plus que jamais en sursis. Ses geôliers sont néanmoins mutiques, et le petit agenda qu'il annote au gré de ses idées en est le témoin : jusqu'au 4 juillet, il écrit chaque jour et anticipe la date du 5 juillet, à laquelle il note : « Écrire [au] médecin [pour demander] soporifique et camomille[1]. » Il fixe même ses deux prochains envois de courriers au 12 et au 28 juillet dans le précieux carnet. C'est donc brutalement que Mandel apprend son transfert le 4 juillet 1944, lorsque les SS viennent le chercher dans la maison forestière de Buchenwald. On le somme d'embarquer un bagage léger, devant Léon Blum et Jeanne Reichenbach, horrifiés. Les trois compagnons d'infortune savent que le départ de Mandel ne présage rien de bon. Les Blum l'aident à faire sa valise – qu'il n'a jamais réellement défaite – et l'accompagnent jusqu'à la palissade barbelée qui cerne la maison[2]. Mandel ne se fait aucune illusion sur ce qui l'attend. Comme Léon Blum tente de cacher son anxiété, Mandel lui dit simplement en souriant : « Non mon ami, ce n'est pas bon. Je ne regrette aucun de mes actes[3]. » Alors qu'il s'éloigne lentement, il lance sans trembler : « Dites à Béatrice Bretty, dites à ma fille que je ne regrette rien de ce que j'ai fait, que je crois avoir bien agi, que quoi qu'il doive arriver dans les jours qui viennent, elles n'auront pas à rougir de moi[4]. »

« Fusiller Mandel »

Le sort de Georges Mandel est en réalité scellé depuis plusieurs semaines. Le 27 avril 1944, l'ambassadeur d'Allemagne en France Otto Abetz propose en effet de faire fusiller des personnalités dissidentes françaises en représailles, après que le gouvernement d'Alger a initié le procès de volontaires français qui ont combattu en Tunisie sous l'uniforme SS face aux Alliés et a prononcé plusieurs condamnations à mort, dont certaines sont suivies d'effets. Après avoir espéré que Vichy procède à des arrestations massives parmi les chefs de la Résistance et les familles des membres du Comité d'Alger, Abetz suggère - comme au printemps 1941 dans l'affaire des gardes territoriaux - que l'on vise des personnalités politiques détenues en Allemagne et plus précisément Georges Mandel, Paul Reynaud et Léon Blum, qui sont considérés *de facto* comme des otages. La proposition fait l'objet de plusieurs échanges avec le ministère des Affaires étrangères du Reich[5], avant qu'une décision ne soit prise au plus haut niveau le 30 mai 1944 :

> Dans la question de l'exécution de représailles contre l'exécution des combattants de Tunisie, le Führer s'est déclaré d'accord qu'après la prochaine exécution d'un combattant

> de Tunisie, les anciens ministres français Léon BLUM, Georges MANDEL et Paul REYNAUD soient fusillés par le Gouvernement français à titre de représailles. Le Führer dit toutefois qu'il fallait veiller à ce que le Gouvernement français ne laisse pas courir ces hommes après leur transfert[6].

C'est donc Hitler en personne qui autorise le rapatriement des trois éminents prisonniers français, en veillant à ce que la basse besogne soit assurée par le gouvernement français. Les archives allemandes du printemps 1944 ne laissent place à aucun doute : le transfert de Georges Mandel, en vue de le faire fusiller, est une initiative et une décision du Reich. D'après Carl Oberg, le chef de la SS et de la police allemande en France, le transfert de Mandel est plus précisément ordonné par le général Kaltenbrunner, chef du RSHA, sur l'instruction d'Adolf Hitler[7]. Dans son journal, Joseph Goebbels[8] confirme à la date du 3 juin 1944 qu'on « a dit à Laval que si des partisans de Vichy étaient à nouveau abattus en Afrique du Nord, il devrait recourir à d'importantes représailles. À cet effet, Reynaud, Mandel et Blum ont été proposés. Il peut les faire fusiller en otages, ce qui aurait certainement un impact sur Alger[9] ». Le plan des dignitaires nazis est implacable : leur volonté d'éliminer d'anciens responsables de la IIIe République est indéniable, mais ils souhaitent impliquer le régime de Vichy en exigeant que le gouvernement français, en déliquescence, ordonne lui-même de fusiller les trois hommes, alors que les Alliés progressent en Normandie.

Le projet s'accélère lorsque, le 30 juin, le colonel Magnien, un cadre phalangiste ayant combattu en Tunisie avec les SS, est condamné à mort à Alger. Les Allemands entendent mettre leurs menaces à exécution et le 1er juillet 1944, lors des obsèques nationales de Philippe Henriot, Otto Abetz informe Pierre Laval et Joseph Darnand[10] que Mandel, Blum et Reynaud vont lui être livrés. Laval comprend parfaitement la manœuvre et la commente avec ambiguïté : « Quel joli cadeau vous me faites là[11]... » Le 2 juillet, il tente d'éviter l'encombrante livraison en adressant une note[12] à l'ambassadeur espagnol, qui doit la remettre au gouvernement d'Alger. Il y détaille que le gouvernement du Reich va remettre les trois otages français à la suite de la condamnation à mort du colonel Magnien en Afrique du Nord, et met en garde contre l'éventuelle exécution de ce dernier, qui mettrait immédiatement en péril la vie de Mandel, Reynaud et Blum[13]. Magnien n'est pas passé par les armes, mais le Reich va tout de même amorcer ses transferts, en commençant par Georges Mandel, qu'il fait rapatrier en France le 4 juillet 1944. Contrairement à ce que l'ancien ministre imagine et à une légende restée tenace, ce n'est ainsi pas l'assassinat de Philippe Henriot qui est à l'origine du transfert de Mandel - même s'il est évident que la mort d'Henriot galvanise les ultra-collaborationnistes et en particulier la Milice, qui veille sa dépouille et rêve de le venger en exécutant une cible symbolique.

De l'avenue Foch à la prison de la Santé

Le 4 juillet 1944, après avoir quitté Buchenwald, Georges Mandel est amené vers un aérodrome puis transféré en avion en direction de la France. Un incident technique impose à l'appareil de se poser à Reims, alors qu'il avait pour destination initiale l'aérodrome du Bourget, en région parisienne[14]. Des véhicules sont mobilisés pour terminer le trajet par la route jusqu'à Paris. Mandel est alors escorté jusqu'au 5, square du Bois-de-Boulogne[15], un hôtel particulier réquisitionné par la Gestapo dans une impasse de l'avenue Foch. Il y reste au secret, sous garde allemande, et semble pour l'heure bien traité. La Sipo-SD cherche néanmoins à le confier rapidement au gouvernement français, afin de mettre en œuvre les instructions de Hitler. C'est Helmut Knochen qui est une fois encore chargé de l'opération, assisté de son adjoint, le docteur Julius Schmidt. Son chef, Carl Oberg, se trouve alors en Allemagne. Knochen a pour interlocuteur Max Knipping, adjoint de Joseph Darnand pour la zone nord, et *de facto* chef de la Milice à Paris[16], qui dans un premier temps proteste contre la remise de Georges Mandel, arguant qu'il a reçu l'ordre de Darnand de refuser toute remise d'otages. Les communications entre Paris et Vichy sont coupées, ce qui l'empêche de prendre ses instructions auprès de son chef[17]. Les négociations durent plusieurs jours, avant que Knipping ne se résolve le 6 juillet à accepter le transfert de Mandel. On ignore la teneur réelle des échanges avec Knochen durant ces deux journées, mais le fait est là : le Français accepte de se charger du sort de Mandel.

Max Knipping prévoit que l'ancien ministre soit pris en charge à la prison de la Santé, sous la responsabilité de l'administration pénitentiaire, pour donner un semblant de légalité à l'opération – alors même qu'aucune charge judiciaire n'est retenue contre Mandel. Il prévient André Baillet, le directeur général de l'administration

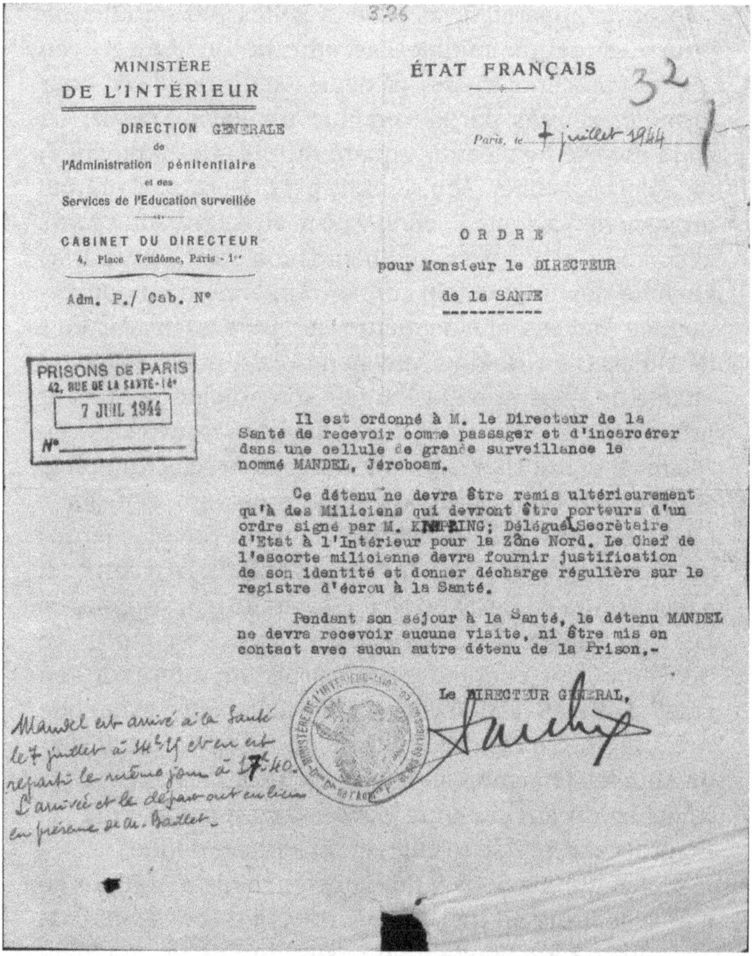

326

MINISTÈRE
DE L'INTÉRIEUR

DIRECTION GENERALE
de
l'Administration pénitentiaire
et des
Services de l'Education surveillée

CABINET DU DIRECTEUR
4, Place Vendôme, Paris - 1er

Adm. P./ Cab. N°

ÉTAT FRANÇAIS

32

Paris, le 7 juillet 1944

PRISONS DE PARIS
42, RUE DE LA SANTÉ - 14e
7 JUIL 1944
N°

ORDRE
pour Monsieur le DIRECTEUR
de la SANTE

Il est ordonné à M. le Directeur de la Santé de recevoir comme passager et d'incarcérer dans une cellule de grande surveillance le nommé MANDEL, Jéroboam.

Ce détenu ne devra être remis ultérieurement qu'à des Miliciens qui devront être porteurs d'un ordre signé par M. KNIPPING; Délégué Secrétaire d'Etat à l'Intérieur pour la Zône Nord. Le Chef de l'escorte milicienne devra fournir justification de son identité et donner décharge régulière sur le registre d'écrou à la Santé.

Pendant son séjour à la Santé, le détenu MANDEL ne devra recevoir aucune visite, ni être mis en contact avec aucun autre détenu de la Prison.-

Le DIRECTEUR GENERAL,

Mandel est arrivé à la Santé le 7 juillet à 14h15 et en est reparti le même jour à 17h40. L'arrivée et le départ ont eu lieu en présence de M. Baillet.

Ordre d'incarcération de Georges Mandel signé par André Baillet le 7 juillet 1944. © Archives nationales (France), Z/6/778 pénitentiaire, un ancien commissaire de police proche de Laval et anticommuniste frénétique. Pour couvrir administrativement le transfert, André Baillet signe le 7 juillet un ordre écrit, enjoignant au directeur de la prison de la Santé d'incarcérer « le nommé MANDEL, Jéroboam[18] » et prescrivant qu'il ne soit remis « ultérieurement qu'à des Miliciens qui devront être porteurs d'un ordre signé par M. KNIPPING. [...] Pendant son séjour à la Santé, le détenu MANDEL ne devra recevoir aucune visite ni être mis en contact avec aucun autre détenu de la prison[19] ».

Le 7 juillet, à 14 heures, la Sipo-SD amène Georges Mandel à la prison de la Santé. Le chef de la délégation allemande sur place est Julius Schmidt, le conseiller de Knochen. André Baillet est présent pour acter le transfert de l'éminent détenu auprès du directeur de l'établissement pénitentiaire, Jean Farge. Mandel est présenté au greffe, où il refuse de remplir les formalités habituelles en rappelant qu'il ne fait l'objet d'aucun mandat de dépôt régulier[20]. Il est malgré tout écroué administrativement à 14 h 25. Placé en cellule, il ignore qu'il ne va y rester que quelques heures : Baillet ne tient pas à conserver l'encombrant prisonnier trop longtemps, et fait part à Knipping de sa crainte qu'une évasion puisse être organisée par la Résistance. Les communications téléphoniques sont toujours coupées avec Vichy, et Knipping prend la décision de faire transférer Mandel sans délai au château des Brosses, un centre d'internement de la Milice situé dans la banlieue de Vichy - c'est du moins ce qu'il affirmera lors de son procès à la Libération[21], comme pour se défendre d'avoir participé à un tout autre projet plus morbide. Il fait équiper deux voitures de la Milice pour escorter le prisonnier, avec instruction de se rendre à 17 heures à La Santé.

Ce sont en fait trois véhicules qui rejoignent la prison en fin d'après-midi : aux deux premiers chargés de miliciens, s'ajoute celui de Knipping accompagné de l'un de ses adjoints, Paul Fréchou, du deuxième service de la Milice pour la zone nord, et sans doute du docteur Schmidt. Mandel est extrait de sa cellule et la levée d'écrou est signée par Max Knipping à 17 h 40, en présence une nouvelle fois d'André Baillet. Le directeur de l'établissement, Jean Farge, rapportera que Mandel, pressentant la suite, lui dit au moment de partir : « Mourir n'est rien. Ce qui est triste, c'est de mourir avant d'avoir vu la libération de son pays et la restauration de la République[22]. »

L'exécution

Le convoi de trois véhicules quitte la prison de la Santé après la levée d'écrou. Ici commencent les incohérences, incertitudes et contradictions sur les dernières heures de Georges Mandel. Il est probable que la voiture transportant Knipping, Fréchou et Schmidt ait bifurqué et soit rentrée au siège parisien de la Milice, rue Le Peletier, laissant les deux autres poursuivre leur route vers le sud.

Si leur répartition dans les deux véhicules varie selon les témoignages, il est acquis que les miliciens chargés d'escorter Mandel sont au moins six : Mansuy, Boero, Lambert, Neroni, Vermont et Templé[23]. Mansuy joue un rôle qui va se révéler central. Il est le chauffeur du premier véhicule - une Citroën traction avant -, dans lequel est placé Georges Mandel.

Les deux voitures filent à vive allure sur la RN 7 vers la Seine-et-Marne, dépassent Fontainebleau, prennent la direction de Nemours quand Mansuy stoppe le premier véhicule et se gare sur le bas-côté, deux kilomètres après avoir dépassé le rond-point de l'Obélisque qui sépare Fontainebleau de la forêt. Il prétexte une panne, descend de l'habitacle et ouvre le capot, tandis que le second véhicule s'arrête une dizaine de mètres derrière lui. Georges Mandel est autorisé à sortir pour se dégourdir les jambes, sous la surveillance d'un milicien. Mansuy saisit alors son pistolet 9 millimètres parabellum, et, s'appuyant sur la voiture, tire deux balles qui touchent Mandel au cou et à la tempe. L'ancien ministre s'effondre sur le ventre. Mansuy se rapproche et tire cinq balles dans le dos de Mandel, agonisant.

Ici s'achève la vie de Georges Mandel, au bord d'une route en forêt de Fontainebleau. Le courageux « premier résistant » n'assistera pas à la libération de la France qu'il a tant espérée : il meurt six semaines avant l'entrée des troupes de la 2e division blindée à Paris.

Puis l'assassin Mansuy se retourne et tire plusieurs balles sur son propre véhicule, pour faire croire à une embuscade. Il semble que les autres miliciens soient sincèrement surpris par la scène à laquelle ils viennent d'assister. Certains d'entre eux étaient-ils complices ou à tout le moins informés des intentions de Mansuy ? Quoi qu'il en soit, il faut rapidement déguiser le meurtre, et le corps de Georges Mandel est chargé à la hâte. On décide de se rendre à Versailles où les miliciens connaissent l'intendant de police Anquetin[24], qui saura être compréhensif.

À Versailles, les miliciens exposent la situation à Anquetin, et prennent le temps de fixer une version commune. On convient que *l'incident* a eu lieu près de Limours, en Seine-et-Oise, pour justifier le recours à l'intendant Anquetin. Les services de police judiciaire ne sont officiellement prévenus que vers 20 h 30. Le chef de la Sûreté arrive alors sur les lieux et donne l'ordre de conduire le cadavre à la morgue. Il exige également de conserver le véhicule de Mansuy, visé par les tirs, comme pièce à conviction. Puis les miliciens, que la police de Versailles craint, sont autorisés à rentrer à Paris. Anquetin avise Knipping par téléphone, avant de le rejoindre à Paris avec les cadres de la Milice[25]. Une autopsie est pratiquée dans la nuit par le docteur Paul, un médecin légiste de renom. Dans les vêtements que portait Mandel sont retrouvés de l'argent et des médicaments allemands, une photographie de la lettre d'excuses signée par Pétain en 1940 et plusieurs feuillets de notes personnelles.

Le 8 juillet 1944, les commissaires de la police judiciaire et du service régional de police de sûreté communiquent leurs premiers comptes rendus, dans lesquels ils reprennent la version des miliciens : près de Limours, le convoi a dû stopper en raison d'une panne, avant d'être attaqué par des inconnus. Mandel aurait alors été tué dans l'échange de tirs[26]. Le même jour, l'information sur la mort de Mandel commence à fuiter dans les milieux policiers, et parvient jusqu'aux proches de l'ancien ministre. Joseph Besselère appelle Maurice Garçon vers 18 heures, pour lui apprendre que Mandel a été assassiné, après avoir été extrait de La Santé par des miliciens. Le docteur Paul confirme à Garçon qu'il a fait l'autopsie de

Mandel la nuit précédente, et qu'il a identifié cinq impacts dans le ventre et deux dans la tête de la victime[27].

L'épouse de Max Brusset se rend le 9 juillet à Versailles. Elle obtient de se faire montrer le corps à la morgue et, hébétée, reconnaît Georges Mandel. C'est elle qui entreprend avec Besselère les démarches pour lui éviter la fosse commune[28]. On sert à l'avocat la version de la Milice : Mandel a été tué près de Limours, lors d'une embuscade contre le convoi[29]. Besselère décide de se rendre à Pau où se trouvent Béatrice Bretty et Claude Mandel, pour les informer de la mort de l'ancien ministre. Elles ont bien eu vent de la nouvelle, mais ont cru à une énième rumeur à laquelle elles n'ont pas voulu croire. C'est avec horreur qu'elles apprennent que Mandel est bien mort, par la voix de Joseph Besselère, qui réalisera *a posteriori* qu'il a échappé à une arrestation à Paris[30].

À Vichy, Pierre Laval et Joseph Darnand apprennent la mort de Mandel dès le 8 juillet. Aucun des deux n'est dupe des circonstances dans lesquelles il a été tué, même si Darnand tente vaguement de convaincre Laval qu'il pourrait bien s'agir d'une embuscade, pour couvrir ses troupes. Il est vraisemblable qu'ils n'aient pas été informés au préalable de sa remise à La Santé par les Allemands le 7, en début d'après-midi. Le chef du gouvernement est furieux. Il rejette toute responsabilité dans cette exécution, assurant qu'il pensait que sa note du 2 juillet à l'intention d'Alger avait suffi à stopper le risque de vengeance contre Mandel. Laval relie la mort de Mandel à celle de Jean Zay, quelques jours plus tôt. L'ancien ministre du Front populaire, emprisonné depuis 1940, a été exécuté le 20 juin 1944 par trois miliciens dans l'Allier. Laval demande à Fernand de Brinon de protester aussitôt auprès d'Otto Abetz afin d'empêcher tout nouveau rapatriement de personnalité - Blum et Reynaud en premier lieu -, dont il craint qu'ils ne subissent le même sort. Laval sait surtout qu'il sera comptable de ces assassinats, alors que la défaite allemande se profile : son sort est définitivement lié aux crimes du Reich et de ses suppôts français, et c'est la peine de mort qui l'attend après la Libération.

Quant aux collaborationnistes les plus ardents, ils se réjouissent de la mort de Georges Mandel. *Le Cri du peuple*, journal du PPF, jubile : « On sait le rôle particulièrement néfaste joué de 1918 à 1940 en France par ce politicien juif inféodé à la haute finance anglaise. Cette mort, que nous ne pleurerons pas, met fin à une vie de gangster politique hostile à toute entente européenne[31]. » L'hebdomadaire *Je suis partout*, dont la haine pour Mandel n'a jamais faibli, publie : « Certes, nous déplorons que le Juif Mandel, qui avait mille fois mérité la mort en poussant la France à la guerre, n'ait pas été jugé et fusillé publiquement. Mais l'essentiel est que le Juif Mandel ne soit plus[32]. »

Les obsèques de Mandel sont organisées le 13 juillet dans l'intimité. La préfecture autorise la présence de dix personnes maximum au cimetière de Versailles, où Besselère a obtenu de faire enterrer l'ancien ministre dans un caveau provisoire. Béatrice Bretty et Claude, toujours à Pau, ne peuvent y assister. Georges Mandel sera réinhumé le 23 novembre 1944 au cimetière de Montmartre, à Paris, après que l'on a pris connaissance de ses dernières volontés dans son testament : « Je désire qu'au cas où je mourrais avant la victoire, l'on dispose mon corps dans une sépulture provisoire en province. On le ramènerait à Paris après le départ des Allemands[33]. » La dépouille de Mandel sera finalement transportée au cimetière de Passy le 13 janvier 1947.

Le 24 juillet, Claude Mandel adresse un courrier impitoyable à Pierre Laval, probablement aidée par Béatrice Bretty :

> Monsieur Laval,
> Dans son désarroi et dans sa douleur, celle qui me tient lieu de Mère vous a adressé, il y a dix jours, une lettre dans laquelle, en bien grande humilité, se rappelant l'offre de vos bons offices, elle vous demandait des renseignements susceptibles de l'éclairer sur la mort de Papa que nous avons apprise par les journaux et par la voix publique.
> Vous n'avez pas daigné faire diligence pour lui répondre, et sans doute ne le ferez-vous jamais. Laissez-moi vous dire, Monsieur Laval, que je vous comprends : vous avez honte. Je suis encore bien petite et bien faible à côté de vous qui avez les Allemands pour vous défendre.
> Moi, j'ai les Français, c'est vrai, et c'est d'ailleurs pourquoi je ne vous demande pas de comptes comme j'en aurais le droit : ils s'en chargeront.
> Je veux aussi vous dire, Monsieur Laval, que je plains beaucoup votre fille. Vous allez lui laisser un nom qui marquera dans l'histoire, mais le mien aussi. Seulement le mien sera celui d'un martyr tombé assassiné pour avoir eu trop raison.
> Claude Georges MANDEL
> Hôtel de France - Pau[34].

Quant à Philippe Pétain, il ne semble nullement ému par le meurtre de Mandel en juillet 1944 et reste muré dans le silence, alors que son régime se désagrège face à l'avancée alliée. Il reçoit pourtant, lui aussi, une lettre cinglante de Claude Mandel :

> Monsieur le Maréchal,
> Je suis une petite fille de France et, malgré mon jeune âge, je tiens à faire auprès de vous, un résumé d'un peu de son histoire. Je m'appelle Claude Georges MANDEL et j'ai suivi mon Père pas à pas dans la martyrologie que vous lui avez imposée pendant plus de quatre ans.
> J'étais à Bordeaux le 17 Juin 1940, lorsque vous l'avez fait arrêter quelques heures après votre arrivée au pouvoir, pour vous en excuser ensuite.
> J'étais en Afrique du Nord quand vous l'avez fait traduire devant la Justice militaire dans l'espoir sans doute qu'il serait fusillé.
> Je l'ai suivi à Chazeron, où, malgré son non-lieu, vous l'avez fait incarcérer dans son ignoble réduit de Pellevoisin.
> À Vals, dont le geôlier-chef Courrier s'est montré un valet si raffiné de vos consignes que vous l'avez décoré de la Légion d'honneur.
> J'ai encore dans l'oreille votre voix condamnant de votre propre autorité mon Père à la détention dans la forteresse du Portalet pour présomptions... et je suis allée au Portalet.
> Je n'ignore pas qu'aucun juge ne s'est jamais présenté devant lui pour lui poser une seule question, faute d'éléments pour un interrogatoire. Mais j'ai dû le quitter quand vous l'avez livré à l'ennemi, fait inconnu dans l'histoire d'aucun peuple.
> Aujourd'hui que les événements ont parlé et ne lui donnent que trop raison, vous le réclamez à l'Allemagne, vous le faites revenir en France, ceux dont vous êtes le Chef

suprême, ceux qui vous prêtent serment, s'emparent de sa personne désarmée et l'assassinent au coin d'un bois.
Votre justice a passé et fait de moi une orpheline.
Mais pour le repos de votre conscience, je viens vous dire, Monsieur le Maréchal, que je ne vous en veux pas. Le nom que j'ai l'immense honneur de porter, vous l'aurez immortalisé ; grâce à vous il brillera dans l'histoire comme un flambeau.
Car il n'évoquera, ce nom, ni capitulation, ni trahison envers des alliés, ni soumission à l'ennemi, ni tous les mensonges d'une équivoque qui nous a fait tant de mal.
Il servira d'exemple à la France et l'aidera à se retrouver, bientôt : dans le chemin de l'honneur et de la dignité.
Aussi suis-je fière de vous signer :
Claude Georges MANDEL
Hôtel de France, à Pau[35].

Pétain ne réagit officiellement que le 6 août 1944, lorsqu'il adresse une admonestation à la Milice - sans pour autant renvoyer son chef Joseph Darnand. Il transmet alors une longue lettre à Laval dans laquelle il s'inquiète de « l'action néfaste » de la Milice, dont il estime qu'elle est responsable de la mort de Georges Mandel et « sans doute » de Jean Zay : « Sans préjuger de ce que pouvaient représenter ces hommes politiques, je m'associe à vous pour réprouver formellement une méthode que rien n'excuse[36]. »

Qui a ordonné de tuer Mandel ?

Les événements qui suivent l'assassinat de Georges Mandel ne permettent pas, dans l'immédiat, d'identifier les véritables responsables de sa mort - ceux qui ont ordonné son exécution et ainsi tenu le bras du meurtrier. D'abord parce que l'enquête judiciaire diligentée les jours suivants reprend mollement la version des miliciens, sans chercher à les interroger davantage. Ensuite parce que ces hommes de main vont rapidement disparaître dans la confusion de l'été 1944 : certains partent en cavale, tandis que d'autres tentent une reconversion osée dans la Résistance lors de la libération de Paris.

C'est le cas du principal suspect, Mansuy, dont il est aujourd'hui avéré qu'il a eu recours à une fausse identité[37]. Mansuy s'appelle en réalité Maurice Solnlen, et il est né en 1910. C'est un truand médiocre, condamné à de multiples reprises dans les années 1930 pour vol, escroquerie et proxénétisme. Il trouve logiquement dans la période de l'Occupation des opportunités de trafics, extorsions et vols en tout genre, qui le transforment peu à peu en bandit d'un autre calibre. Solnlen n'est nullement intéressé par les partis collaborationnistes et leurs doctrines politiques, mais plutôt par ses lucratives activités et leurs profits immédiats, qui l'amènent progressivement à travailler avec des officines allemandes durant l'Occupation. C'est ainsi qu'il devient un agent au moins occasionnel du SD et détient à ce titre des papiers de la police allemande qui le rendent invulnérable dans ses diverses affaires. Il devient également, au printemps 1944, membre de la Milice, recruté par Pierre Boero. Si la Milice ne peut ignorer qu'elle intègre un truand de moyenne gamme, sait-elle que Solnlen est aussi un agent du SD ? Encore aujourd'hui, rien ne permet de l'affirmer.

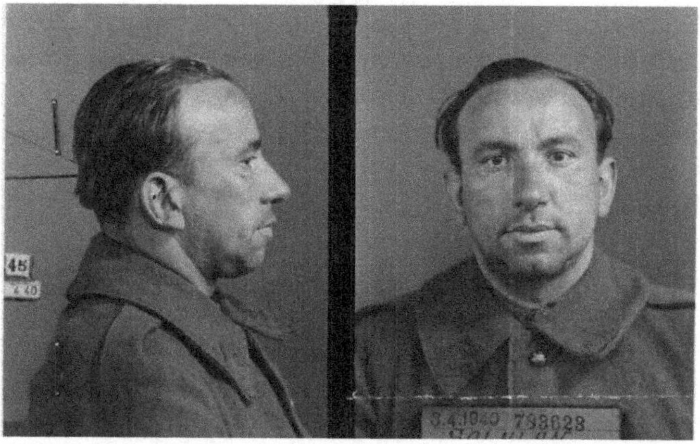

Portrait de Maurice Solnlen, alias Mansuy.
© Archives nationales (France), Z/6/648/B

Lorsqu'il exécute Georges Mandel le 7 juillet 1944 en forêt de Fontainebleau, Maurice Solnlen semble agir seul. Les autres miliciens sont surpris par son geste, et l'un d'eux, Neroni, qui surveille Mandel, est d'ailleurs dans l'axe de tir de Solnlen lorsque celui-ci vise l'ancien ministre. Néanmoins, il est inimaginable que le truand ait pris seul l'initiative de tuer un homme de l'importance de Georges Mandel sans y avoir été poussé par des commanditaires. C'est logiquement vers les Allemands que les regards se tournent : agent du SD, Solnlen a probablement été chargé par le service de renseignement nazi d'exécuter Mandel. S'agit-il d'une initiative du SD parisien ou d'un ordre venu de Berlin ? Dans tous les cas, le fait que Hitler ait validé le rapatriement de Georges Mandel en vue de le faire fusiller a valu carte blanche pour les exécutants.

Le niveau auquel a été prise la décision reste mystérieux, mais le mobile paraît évident. Les Allemands ont probablement craint que Vichy refuse de faire fusiller Georges Mandel, comme cela était requis par Hitler en personne, ou qu'une opportune évasion soit organisée dans l'Allier. Le supprimer avant son arrivée dans la région de Vichy, *a fortiori* en faisant passer l'assassinat pour une initiative de la Milice, était un moyen de régler le problème côté allemand - et de mouiller la Milice entière, compromettant par la même occasion le gouvernement français.

Des cadres de la Milice ont-ils pu, au-delà de Solnlen, être mis dans la confidence ? C'est possible. S'il semble certain que Joseph Darnand n'ait appris sa mort que le 8 juillet, Max Knipping et les cadres de la rue Le Peletier ont pu être associés au projet allemand, en désignant Solnlen comme chauffeur de la voiture où serait transporté Mandel, avec l'intention de donner des gages de fidélité aux nazis, tout en déniant ultérieurement leur implication.

Une fois le meurtre perpétré, Solnlen se fond dans la nature, puis réapparaît en août 1944 à Paris, dans la confusion qui entoure la libération de la capitale. Le 26 août 1944, il est à l'Hôtel de Ville, sans doute pour se blanchir comme résistant tardif. Mais Solnlen est reconnu rapidement par un authentique résistant comme étant le milicien qui l'a arrêté quelques mois plus tôt. Le truand est brutalement conduit dans une salle à l'écart, pour être interrogé. Dans la nuit, Solnlen est tué par les FFI, qui affirmeront qu'il a tenté de s'enfuir, même si l'hypothèse reste incertaine - sa mort ressemble grandement à une exécution[38].

Dans les mois suivants, la mort de Solnlen n'arrange pas les enquêteurs chargés d'élucider les circonstances de la mort de Georges Mandel et constitue le principal obstacle à la résolution de cette affaire. Solnlen disparu, il devient impossible de savoir qui lui a formellement donné l'ordre de tuer Mandel et s'il a pu bénéficier de diverses complicités. Sur le plan technique, l'instruction qui est ouverte à la Libération n'obtient que de faibles résultats : l'expertise diligentée sur le véhicule permet certes d'affirmer qu'il était en excellent état et que la panne a vraisemblablement été simulée en forêt de Fontainebleau[39]. Mais les recherches sur les réserves d'essence des deux voitures - qui auraient pu établir qu'en l'absence de réserves, aucun des deux véhicules n'était suffisamment équipé pour rouler jusqu'à Vichy et que le meurtre était donc prémédité par les miliciens - ne sont pas concluantes. À l'automne 1944, Boero et Neroni sont condamnés à mort pour intelligence avec l'ennemi après une instruction menée au pas de charge, sans être néanmoins reconnus coupables du meurtre de Georges Mandel.

Quant à Paul Reynaud et Léon Blum, il est probable que l'assassinat de Mandel les ait, d'une certaine façon, sauvés : après la protestation de Laval auprès d'Abetz, les Allemands renoncent à les rapatrier en France comme cela était initialement envisagé, et les maintiennent en détention outre-Rhin jusqu'en 1945. Laval ira même jusqu'à affirmer, lors de son procès, qu'il leur a sauvé la vie.

Les quelques feuillets tachés de sang retrouvés sur le corps de Georges Mandel le 7 juillet 1944 constituent une émouvante synthèse de ce que l'homme politique aimait à défendre. Sur l'un d'eux est griffonnée l'impitoyable expression « Vichy : le déshonneur dans la lâcheté[40] ». Sur un autre, une réflexion moderne sur les droits qu'il conviendrait d'accorder aux femmes : « Droits de la femme. On a fait [la] guerre totale. On a employé [les] femmes [dans les] usines, champs. Pas épargnées même [*illisible*]. Devoir la traiter sur un pied d'égalité dans le monde rénové[41]. » Ces propos rejoignent là une approche sociale qu'on ne lui connaissait pas jusqu'alors et retrouvée dans ses notes de captivité en Allemagne :

> Programme : libérer l'homme de la double servitude de la guerre et de la misère. La France avait été grandie de 1914 à 1918. Elle l'a été moins après la victoire. Elle s'est retrouvée égale à elle-même dans l'épreuve : il importe qu'elle sache le rester maintenant. Elle a eu souvent, par le passé, la mission de tracer la voie au monde civilisé... Elle saura encore le faire. Champion de la liberté et initiatrice du progrès de liberté, elle fécondera encore le monde des idées les plus grandes, les plus généreuses... l'idée de la liberté et de l'égalité se sont envolées du grand souffle de la Révolution. Il ne faut pas se délecter mais s'en souvenir pour en méditer les causes et ne plus commettre les mêmes fautes. Demain doivent partir les nouveaux mots d'ordre qui feront le monde plus juste, plus humain, meilleur[42].

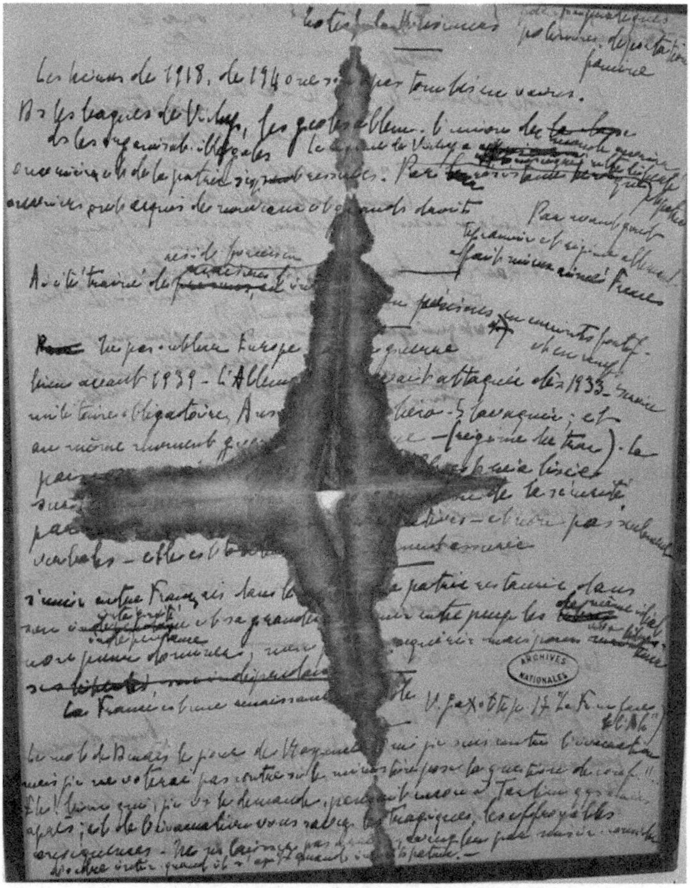

Notes tachées de sang retrouvées
sur le corps de Georges Mandel le 7 juillet 1944.

Sur un feuillet ensanglanté, les notes de Mandel prennent la forme d'un ultime testament politique :

> De toutes parts calomnié, outragé dans mon honneur, dans mon action, mon œuvre, ma politique de résistance, je crois à la nécessité de régénération matérielle et morale, pour laquelle il faut des hommes de conseil et d'action. [...] Il faudrait l'âme d'un Richelieu, le cœur d'un Villars, la souplesse d'un Mazarin, l'expérience d'un Talleyrand, le patriotisme d'un Clemenceau pour faire face aux immenses nécessités du moment. [...] Il faudrait de longues années de travail, d'abnégation, d'effort, de discipline gouvernementale[43].

Épilogue

Les circonstances de l'assassinat de Georges Mandel sont connues, mais ses commanditaires ne seront jamais identifiés de manière définitive. L'initiative est à coup sûr allemande, peut-être doublée d'un accord avec les cadres parisiens de la Milice. Si le gouvernement de Vichy n'est, de façon certaine, pas impliqué dans le meurtre de Mandel, il porte néanmoins une écrasante responsabilité dans le sort tragique de l'ancien ministre. En concentrant leurs griefs contre lui dès le 17 juin 1940, en le poursuivant en Afrique du Nord puis en l'internant en métropole jusqu'en 1942, Pétain et ses collaborateurs ont désigné la cible principale du régime, autant par haine de la République et des personnalités hostiles à l'armistice que par antisémitisme. Plus encore, la culpabilité du gouvernement français est à rechercher dans l'apathie complice qu'il déploie en novembre 1942, en laissant l'occupant allemand s'emparer de Georges Mandel et de Paul Reynaud au Portalet, les condamnant à une déportation certaine et à une mort probable.

À la Libération, aucun cacique de Vichy ne rendra de comptes pour les quatre années de calvaire imposées à Georges Mandel. Son sort tragique sera bien évoqué durant le procès de Pétain, à l'occasion du témoignage de Michel Clemenceau, mais le vieux maréchal contestera toute responsabilité personnelle dans le destin funeste de Mandel. Pétain et Laval seront condamnés pour haute trahison et intelligence avec l'ennemi en 1945, sans que leur rôle au sujet de Mandel ne soit directement mentionné dans les jugements de la Haute Cour[1].

Assassiné quelques semaines avant la libération de Paris, Georges Mandel laisse un héritage politique inachevé. La figure de l'ancien ministre de l'Intérieur reste, pour ses contemporains, une énigme politique - par sa trajectoire atypique, son indépendance, son intransigeance et son originalité, mais aussi du fait de sa mort prématurée qui l'empêchera d'assumer un rôle politique de premier plan et de répondre au destin national qui l'attendait dans la France libérée[2]. Comme l'a écrit le sénateur Jacques Bardoux sous l'Occupation, Mandel « est le seul ministre de la IIIe République qui soit intact et incarne le patriotisme le plus pur, et le courage le plus total ; ce sera, demain, l'homme de la situation[3] ».

Cette histoire incomplète explique sans doute la raison pour laquelle il a été partiellement effacé de la mémoire collective du XXe siècle. S'il est exagéré d'affirmer que Mandel est un « grand oublié » de l'histoire, l'importance de son rôle politique de 1917 à 1944 est aujourd'hui ignorée du plus grand nombre, quatre-vingts ans après sa mort. Que Mandel n'ait publié aucun ouvrage de nature politique est une raison supplémentaire à son effacement progressif. Ses notes de captivité en Allemagne ne contiennent que peu d'éléments à vocation politique, mais constituent néanmoins un précieux témoignage sur ses conditions de détention, son état d'esprit, et sa lucidité sur la victoire des Alliés, qu'il juge certaine dès 1940.

Le général de Gaulle de l'immédiat après-guerre n'est pas totalement étranger à cet oubli relatif : Béatrice Bretty le lui reprochera violemment dans une lettre ouverte en 1948, estimant que de Gaulle n'a « pas cru devoir apporter d'Angleterre l'aide nécessaire à l'évasion de Georges Mandel ; de retour en France n'a jamais en aucune circonstance prononcé le nom de ce martyr de la patrie ; n'a jamais, en aucun cas, cru devoir aller s'incliner sur sa tombe ; ne s'est jamais, en aucune façon, intéressé à son enfant de quatorze ans devenue orpheline ; enfin, par sa constance dans son attitude, a nettement démontré une indifférence totale à la personne comme à la mémoire de Georges Mandel[4] ».

Quant à Claude Mandel, elle devient orpheline à quatorze ans, après avoir tardivement connu son père, au gré des visites qu'elle lui a rendues dans ses prisons. Toute sa vie, elle portera le poids de cet impossible deuil : celui d'un père aimant découvert à ses dix ans, et qui lui fut arraché trop tôt.

Les responsables

Condamnations, contumaces et amnisties par ordre chronologique d'apparition

Philippe Pétain

Le maréchal Pétain, emmené par les Allemands en août 1944, revient en France le 23 avril 1945. Il est déféré le 23 juillet 1945 devant la Haute Cour de justice. Condamné pour haute trahison et intelligence avec l'ennemi à la peine de mort, à l'indignité et à la dégradation nationales, Pétain voit sa peine commuée en réclusion à perpétuité par le général de Gaulle.

Dès la fin du procès, il est incarcéré au fort du Portalet du 15 août au 16 novembre 1945, dans la cellule qu'occupa jadis Georges Mandel, comme une mesure symbolique prise par le Gouvernement provisoire de la République française. Au sujet de sa prison pyrénéenne, Pétain écrit le 16 août 1945 à sa femme : « Si je l'avais connue comme je la vis maintenant, je n'y aurais pas envoyé mes pires ennemis[1]. »

Il est ensuite transféré sur l'île d'Yeu, où il décède le 23 juillet 1951 après avoir bénéficié d'une mesure d'assignation à résidence peu de temps avant sa mort.

Pierre Laval

Après avoir fui en Allemagne puis en Espagne, Laval est remis aux autorités françaises le 2 août 1945. Il est aussitôt appelé comme témoin au procès de Pétain, avant d'être lui-même jugé par la Haute Cour de justice à partir du 4 octobre 1945. Il est condamné à mort le 9 octobre 1945 pour haute trahison et complot contre la sûreté de l'État, au terme d'un procès contesté. Laval est fusillé à Fresnes le 15 octobre 1945 après avoir tenté de mettre fin à ses jours au moyen d'une capsule de cyanure.

Raphaël Alibert

Écarté du gouvernement Darlan en janvier 1941, Alibert est réintégré au Conseil d'État. À la Libération, il fuit en Belgique, puis est condamné à mort par contumace en 1947. Amnistié en 1959, il meurt en 1963 à Paris sans avoir connu la prison.

Maxime Weygand

Arrêté par les Allemands en novembre 1942, Weygand est déporté comme « prisonnier d'honneur » à Itter, retrouvant à partir de 1943 Reynaud, Daladier et Gamelin dans un invraisemblable huis clos. Libéré par les Alliés en mai 1945, il fait l'objet d'une instruction judiciaire, mais bénéficie d'un non-lieu en 1948, et meurt en 1965.

Charles Noguès

Lors du débarquement allié en Afrique du Nord le 8 novembre 1942, Noguès donne l'ordre à ses troupes de résister aux Anglo-Américains. Il minimise ensuite son action contre les Alliés, avant d'être écarté de ses fonctions en juin 1943. Il se retire au Portugal et est condamné par contumace à vingt ans de travaux forcés en 1947. Il se constitue finalement prisonnier en France en 1954, est condamné en 1956 pour atteinte à la sûreté extérieure de l'État, mais bénéficie de la prescription de sa peine. Il décède en 1971.

Adrien Marquet

Le ministre de l'Intérieur de l'été 1940 conserve son mandat de maire de Bordeaux durant l'Occupation. Arrêté en août 1944, il est déféré devant la Haute Cour de justice en 1947 et parvient à obtenir l'acquittement. Il est néanmoins condamné à l'indignité nationale, et meurt en 1955, non sans avoir tenté de revenir dans la vie politique bordelaise.

Marcel Peyrouton

Ministre de l'Intérieur à Vichy de septembre 1940 à février 1941, Peyrouton est évincé du gouvernement sur demande des Allemands après avoir participé au complot du 13 décembre 1940. Il obtient d'être nommé ambassadeur en Argentine, poste qu'il a déjà occupé avant-guerre, puis rallie l'Algérie et le général Giraud en 1943. Il est écarté en juin 1943 par le comité français de libération nationale, puis est arrêté en décembre 1943. Inculpé par la Haute Cour de justice à la Libération, il est finalement acquitté en 1948. Il meurt en 1983.

Charles Courrier

Geôlier en chef à Pellevoisin puis à Vals-les-Bains, le commissaire Courrier est nommé à la tête du service régional de police judiciaire de Nancy en juillet 1942. Promu commissaire divisionnaire en 1943 puis intendant régional de police à Dijon en février 1944, il est suspendu de ses fonctions le 19 août 1944. Courrier est exécuté par les FFI de la Côte-d'Or à Aignay-le-Duc le 24 août 1944 pour « collaboration policière avec l'ennemi ».

Les journalistes antisémites

Charles Lesca

Dirigeant du journal *Je suis partout* qu'il fait reparaître en février 1941 avec le soutien de l'occupant, il est aussi membre de la Légion des volontaires français contre le bolchevisme. À la Libération, il fuit en Amérique du Sud et est condamné à mort par contumace. Il meurt en Argentine en 1949.

Robert Brasillach

Rédacteur en chef de *Je suis partout,* il y réclame plusieurs fois l'exécution des ministres de la IIIe République, dont Georges Mandel, au terme de violents articles antisémites et anti-républicains. Arrêté fin 1944, il est condamné à mort en janvier 1945 pour intelligence avec l'ennemi. Malgré une pétition d'intellectuels demandant sa grâce, Brasillach est fusillé le 6 février 1945 au fort de Montrouge.

Alain Laubreaux

Journaliste à *Je suis partout* lorsque le journal reparaît en 1941, il y signe de violents éditoriaux antisémites, notamment contre Mandel. En 1944, il fuit en Espagne où il meurt en 1968, échappant à sa condamnation à mort prononcée par contumace en 1947 à Paris.

François Darlan

Vice-président du Conseil de février 1941 à avril 1942, l'amiral Darlan rejoint l'Afrique du Nord en novembre 1942 et se rallie aux Alliés lors du débarquement du 8 novembre. Le 24 décembre 1942, il est assassiné par Fernand Bonnier de La Chapelle, un membre du Corps franc d'Afrique qui considère Darlan comme un traître. Bonnier de La Chapelle est fusillé le 26, après un procès expéditif, laissant à jamais le mystère sur les circonstances précises de l'exécution de Darlan.

Otto Abetz

Réfugié en Allemagne à la Libération, Abetz est arrêté par les forces françaises en octobre 1945. Inculpé pour crimes de guerre, il nie lors de son procès avoir réellement voulu faire fusiller Mandel et Reynaud malgré ses propositions écrites de 1941 et 1944. Il est condamné en 1949 par le tribunal militaire de Paris à vingt ans de travaux forcés. Abetz est gracié en 1954, avant de mourir en 1958.

Fernand de Brinon

Délégué général du gouvernement français auprès des Allemands à Paris, Fernand de Brinon fuit vers l'Allemagne en août 1944 et se constitue prisonnier en mai 1945. Il est incarcéré en France et inculpé devant la Haute Cour de justice qui le condamne à la peine de mort en mars 1947. Il est fusillé le 15 avril 1947 au fort de Montrouge.

Joseph Barthélemy

Garde des Sceaux à Vichy de janvier 1941 à mars 1943, Barthélemy est inculpé à la Libération par la Haute Cour de justice. Il est incarcéré à Auch en octobre 1944 et meurt en mai 1945 avant d'avoir pu être jugé.

Helmut Knochen

Commandant de la Sipo-SD en France et en Belgique à partir de 1942, Knochen est celui qui vient s'emparer de Mandel et de Reynaud au fort du Portalet en novembre 1942, puis est chargé de remettre Mandel aux autorités françaises en juillet 1944. Arrêté en Allemagne par les Alliés en 1945, il est extradé en France en 1947. L'instruction dure jusqu'en 1954. Il est alors condamné à mort par le tribunal militaire de Paris, avant que sa peine ne soit commuée en vingt ans de réclusion en 1958. Il est libéré en 1962, au terme d'un accord qui précède la signature du traité de l'Élysée entre la France et l'Allemagne en janvier 1963. Il meurt paisiblement en 2003.

Max Knipping

Délégué général de la Milice pour la zone nord depuis la fin 1943, Max Knipping fuit vers l'Allemagne en août 1944, puis en Italie où il est arrêté. Il est rapatrié en France en juin 1945. Écroué à Fresnes, il est jugé par la Cour de justice de la Seine en février 1947 qui lui reproche son implication dans la mort de Mandel. Knipping est condamné pour intelligence avec l'ennemi à la peine de mort, et fusillé au fort de Montrouge le 18 juin 1947.

Max Knipping durant son procès en février 1947.

André Baillet

Directeur général de l'administration pénitentiaire en 1944, précédemment directeur des renseignements généraux de la préfecture de police puis à la direction générale de la police nationale, il est condamné à mort en juin 1945, et fusillé le 17 juillet 1945 au fort de Châtillon.

Maurice Solnlen, alias Mansuy

L'assassin de Georges Mandel, après être rentré à Paris le soir du 7 juillet 1944, réapparaît le 26 août lorsqu'il tente de s'infiltrer à l'Hôtel de Ville en se faisant passer pour un résistant. Reconnu, il est aussitôt arrêté et interrogé dans une pièce isolée. Dans la nuit du 26 au 27 août 1944, il est exécuté par les FFI, officiellement après avoir tenté de s'enfuir.

LES AUTRES MILICIENS

Pierre Boero

Arrêté le 27 août 1944 à Paris puis incarcéré à Fresnes, il est condamné le 25 octobre 1944 à la peine de mort pour intelligence avec l'ennemi, sans être mis en cause dans le meurtre de Mandel faute de preuves. Il est fusillé le 28 novembre 1944 au fort de Montrouge.

Georges Neroni

Arrêté avec Boero fin août 1944 à Paris, il est également condamné le 25 octobre 1944 à la peine de mort pour intelligence avec l'ennemi. Il est fusillé le 28 novembre 1944 au fort de Montrouge.

Pierre Lambert

Il n'est jugé qu'en 1949, et condamné à mort le 10 février 1949, sans être mis en cause dans l'affaire Mandel. Il est fusillé le 25 juin 1949 au fort de Montrouge.

André Templé

Il est arrêté en octobre 1944, et condamné en 1946 pour son appartenance à la Milice à cinq ans de travaux forcés.

Léon Vermont

Arrêté avec Templé en octobre 1944, il est lui aussi condamné à cinq ans de travaux forcés pour son appartenance à la Milice en 1946.

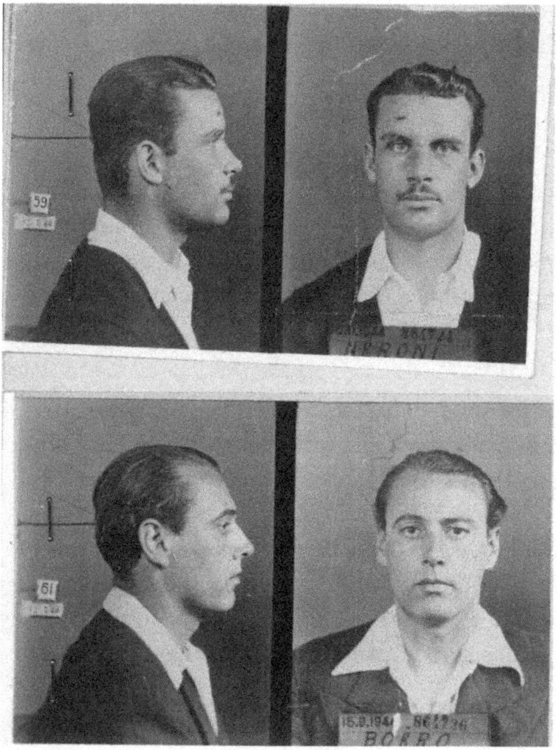

Georges Neroni (en haut) et Pierre Boero (en bas).
© Archives nationales (France), Z/6/648/B

Paul Fréchou

Cadre de la Milice à Paris, sa présence à Fontainebleau le 7 juillet 1944 est restée incertaine. Fréchou fuit à la Libération en Italie puis en Espagne, avant de parvenir à s'exiler en

Argentine en 1947. Condamné à mort par contumace en 1949, il ne sera jamais inquiété. Il est retrouvé en Uruguay en 2010 par François Le Goarant de Tromelin, qui parvient à obtenir son témoignage.

Julius Schmidt

Le conseiller référendaire SS de Helmut Knochen, chargé de remettre Mandel aux autorités françaises le 7 juillet 1944, disparaît dans la confusion de l'été 1944. Le docteur Schmidt ne sera jamais retrouvé ni inquiété par la justice française.

Pierre Anquetin

Chef du service de la propagande à Vichy en 1941, Pierre Anquetin est nommé intendant de police adjoint à Versailles en mars 1944 sur la proposition de Joseph Darnand. Il est rapidement promu intendant régional du maintien de l'ordre de Seine-et-Oise et de Seine-et-Marne. Suspendu de ses fonctions le 19 août 1944, il est révoqué le 2 juin 1945, et disparaît sans laisser d'adresse, malgré le mandat de dépôt délivré en juillet 1945 à son encontre pour assassinat et intelligence avec l'ennemi.

Notes

Introduction

1. Emmanuel Berl, *La Fin de la IIIe République*, Paris, Gallimard, p. 65.
2. Clémenciste : néologisme désignant les partisans de Georges Clemenceau.
3. Emmanuel Berl, *La Fin de la IIIe République*, *op. cit.*, p. 63.
4. Général de Gaulle, *Mémoires de guerre*, t. 1, *L'Appel, 1940-1942*, Paris, Plon, 1954, p. 58-59.
5. Michel Tony-Revillon, *Mes carnets (juin-octobre 1940)*, Paris, O. Lieutier, 1945, p. 20. Propos rapportés du 15 juin 1940.

Chapitre 1. L'espoir

1. Sir Edward Spears, *La Chute de la France, témoignage sur une catastrophe*, Paris, Presses de la cité, 1964, p. 359.
2. *Ibid.*
3. *Ibid.*, p. 360.
4. Charles Pomaret, *Le Dernier Témoin*, Paris, Presse de la cité, 1968, p. 130.
5. APP, 77W1491-31562, note RG, 1948.
6. AN, BB/30/1718.
7. Général Jules Bührer, chef d'état-major général des colonies.
8. Vincent Auriol, *Hier, demain*, Paris, éd. Charlot, 1945, p. 150.
9. Charles Pomaret, *Le Dernier Témoin*, *op. cit.*, p. 154.
10. Paul Reynaud, *Au cœur de la mêlée, 1930-1945*, Paris, Flammarion, 1951, p. 968.
11. Vincent Auriol, *Hier, demain*, *op. cit.*, p. 150.
12. Paul Reynaud, *Carnets de captivité*, présentés par Evelyne Demey, Paris, Fayard, 1997, p. 180.

13. *Ibid.*
14. AN, 3W/263, audition de Georges Mandel à Meknès.
15. Christiane Rimbaud, *L'Affaire du* Massilia, Paris, Seuil, 1984, p. 56.
16. APP, 77W1633-61536.

Chapitre 2. Le piège du Massilia

1. Pierre Mendès France, *Liberté, liberté chérie, choses vécues*, 1943, Paris, Fayard, rééd. 1977, p. 48.
2. *Ibid.*
3. AN, BB/30/1718.
4. *L'Aurore*, 4 octobre 1944, témoignage de Gabriel Delattre.
5. *L'Aurore*, 5 octobre 1944.
6. *L'Aurore*, 5 octobre 1944.
7. Michel Tony-Revillon, *Mes carnets (juin-octobre 1940), op. cit.*, p. 84.
8. Christiane Rimbaud, *L'Affaire du* Massilia, *op. cit.*, p. 148.
9. *Ibid.*, p. 240.
10. AN, 3W263.
11. AN, F7/15981/1.
12. AN, 3W263.
13. AN, BB/30/1718.
14. Pierre Mendès France, *Liberté, liberté chérie, choses vécues, op. cit.*, p. 56.
15. *Ibid.*, p. 57.
16. *Ibid.*

Chapitre 3. La machination

1. AN, BB/30/1718.
2. AN, BB/30/1718.
3. AN, BB/30/1718.
4. AN, BB/30/171.
5. Michel Tony-Revillon, *Mes carnets (juin-octobre 1940), op. cit.*, p. 111.
6. AN, 3W263.
7. Michel Tony-Revillon, *Mes carnets (juin-octobre 1940), op. cit.*, p. 114.
8. *Ibid.*
9. *Ibid.*
10. AN, BB/30/1718.
11. *L'Aurore*, 8 octobre 1944.

12. *L'Aurore*, 8 octobre 1944.
13. Michel Tony-Revillon, *Mes carnets (juin-octobre 1940), op. cit.*, p. 131.
14. AN, BB/30/1718.
15. AN, BB/30/1718.
16. AN, 3W246.
17. AN, BB/30/1718.
18. AN, BB/30/1718.
19. AN, 3W263.
20. AN, 3W263, télégramme du 27 juillet 1940.
21. AN, BB/30/1718.
22. AN, 3W263, télégramme du 29 juillet 1940.
23. AN, 3W263, audition du général Noguès, 20 mai 1955.
24. AN, BB/30/1718.
25. AN, BB/30/1718.
26. AN, 3W263.
27. AN, BB/30/1718.
28. AN, 3W263, télégramme du 20 août 1940.
29. AN, 3W246, télégramme de Noguès du 5 septembre 1940.
30. AN, 3W263.
31. AN, BB/30/1718.
32. En réalité, l'armistice a été signé le 22 juin 1940.
33. AN, BB/30/1718.
34. AN, BB/30/1718, note du 9 septembre 1940.
35. AN, BB/30/1718, note du 9 septembre 1940.
36. Loi relative à l'organisation, à la compétence et à la procédure de la Cour suprême de justice du 30 juillet 1940.
37. AN, 3W263.
38. AN, F7/15981/1.

Chapitre 4. Dans les geôles de Vichy

1. AN, 3W264.
2. Loi du 3 septembre 1940.
3. Vincent Giraudier, *Les Bastilles de Vichy*, Paris, Tallandier, 2009, p. 27.
4. AN, 3W264.
5. AN, 3W264.
6. AN, 3W263.
7. AN, F7/15981/1.
8. AN, 3W311.

9. AN, 3W263, audition du général Noguès, 20 mai 1955.
10. AN, 3W246.
11. AN, 72AJ/2108.
12. AN, 3W264, 3W311.
13. Édouard Daladier, *Journal de captivité, 1940-1945*, Paris, Calmann-Lévy, 1991, p. 29.
14. AN, 3W311 et 3W214.
15. AN, 72AJ/2108.
16. Emmanuel Berl, *La Fin de la IIIe République, op. cit.*, p. 62.
17. Georges Wormser, *Georges Mandel l'homme politique*, Paris, Plon, 1967, p. 280.
18. AN, 3W311.
19. AN, 72AJ/2108, lettre du 19 septembre 1940 à Philippe Roques.
20. AN, 3W311.
21. AN, BB/30/1718.
22. AN, 2W69.
23. AN, 2W69.
24. Pierre Cot, ministre de l'Air du Front populaire, est poursuivi par Vichy après la défaite, mais déclaré « en fuite » à la suite de son exil aux États-Unis.
25. Guy La Chambre avait succédé à Pierre Cot au ministère de l'Air de 1938 à 1940.
26. AN, 2W69.
27. AN, 2W69.
28. AN, 2W69.
29. AN, 3W311.
30. AD Indre, 1279W41.
31. Vincent Auriol, député, a été ministre des Finances du Front populaire.
32. Jules Moch, député, s'est engagé en 1939 comme officier de marine.
33. Salomon Grumbach, député, était embarqué sur le *Massilia*.
34. Jules Moch, *Une si longue vie*, Paris, Robert Laffont, 1976, p. 163.
35. Evelyne Demey, *Paul Reynaud mon père*, Paris, Plon, 1980, p. 17.
36. Vincent Auriol, *Hier, demain, op. cit.*, p. 142.
37. AD Indre, 1279W41.
38. Paul Reynaud, *Au cœur de la mêlée, 1930-1945, op. cit.*, p. 1009.
39. Roger Stéphane, *Chaque homme est lié au monde (1939-1944)*, Paris, Grasset, 2004, p. 83.
40. *Ibid.*
41. AD Indre, 1J2263.
42. AD Indre, 1J2263.
43. Roger Stéphane, *Chaque homme est lié au monde (1939-1944), op. cit.*, p. 83.
44. Voir en particulier *Le Petit Parisien*, 17 octobre 1940 et jours suivants.

45. AN, 19940459/393.
46. AN, BB/18/3271, enquête sur la mort de M. Thierry de Ludre.
47. AN, BB/18/3271, enquête sur la mort de M. Thierry de Ludre.
48. Jules Moch, *Une si longue vie, op. cit.*, p. 163.
49. Bénédicte Vergez-Chaignon, *Pétain*, Paris, Tempus Perrin, 2018, p. 647 et suivantes.
50. Vincent Auriol, *Hier, demain, op. cit.*, p. 145.
51. *Ibid.*, p. 146.
52. Evelyne Demey, *Paul Reynaud mon père, op. cit.*, p. 27.

Chapitre 5. L'attente

1. Vincent Auriol, *Hier, demain, op. cit.*, p. 146.
2. Winston Churchill, *Mémoires sur la Deuxième Guerre mondiale*, t. II.2, *L'heure tragique - Seuls (mai-décembre 1940)*, Paris, Plon, réédition 1965, p. 326 : le Premier ministre anglais, sentant que la situation peut basculer à Vichy, assure à Pétain qu'il enverra un corps expéditionnaire puissant si celui-ci se décide à reprendre la guerre contre l'Allemagne et l'Italie depuis l'Afrique du Nord. Son télégramme restera sans réponse.
3. Roger Stéphane, *Chaque homme est lié au monde (1939-1944), op. cit.*, p. 85.
4. *Ibid.*, p. 86.
5. Paul Reynaud, *Au cœur de la mêlée, 1930-1945, op. cit.*, p. 1010.
6. AN, 3W311, audition de Henry Chavin, 1947.
7. Roger Stéphane, *Chaque homme est lié au monde (1939-1944), op. cit.*, p. 87.
8. Vincent Auriol, *Hier, demain, op. cit.*, p. 146.
9. Jules Moch, *Une si longue vie, op. cit.*, p. 315.
10. *Ibid.*
11. Charles Pomaret, *Le Dernier Témoin, op. cit.*, p. 292.
12. AN, 3W311.
13. Charles Pomaret, *Le Dernier Témoin, op. cit.*, p. 292.
14. Vincent Giraudier, *Les Bastilles de Vichy, op. cit.*, p. 106.
15. Charles Pomaret, *Le Dernier Témoin, op. cit.*, p. 293.
16. Maurice Garçon, *Journal 1939-1945*, Paris, Fayard, 2015, p. 221-222.
17. AN, 3W311, courrier du 16 janvier 1941.
18. AN, 3W311.
19. Vincent Giraudier, *Les Bastilles de Vichy, op. cit.*, p. 110.
20. *Ibid.*, p. 112.
21. Vincent Auriol, *Hier, demain, op. cit.*, p. 149.
22. *Ibid.*

23. Charles Pomaret, *Le Dernier Témoin, op. cit.*, p. 158.
24. *Ibid.*
25. Loi du 3 octobre 1940 portant sur le statut des Juifs.
26. AN, 72AJ/2108.
27. Jules Jeanneney, *Journal politique septembre 1939-juillet 1942*, Paris, Armand Colin, 1972, p. 175.
28. *Ibid.*, p. 178.
29. AN, 3W311, 17 février 1941
30. Charles Pomaret, *Le Dernier Témoin, op. cit.*, p. 293.
31. AN, 19780645/210 – Né en 1912, Maurice Cottentin se verra attribuer la Légion d'honneur et la Médaille de la Résistance au titre de sa participation à la Résistance de 1941 à 1944.
32. Vincent Auriol, *Hier, demain, op. cit.*, p. 148.
33. Colonel Groussard, *Service secret, 1940-1945*, Paris, La Table ronde, 1964, p. 263.
34. Maurice Garçon, *Journal 1939-1945, op. cit.*, p. 236.
35. Paul Reynaud, *Carnets de captivité, op. cit.*, p. 50.
36. *Ibid.*, p. 53.
37. AD Ardèche, 72W393.
38. AN, F7/15981/1.
39. Paul Reynaud, *Carnets de captivité, op. cit.*, p. 70.
40. Colonel Groussard, *Service secret, 1940-1945, op. cit.*, p. 253.
41. AN, 544AP/72 ; AD Ardèche 72W393.
42. Loi du 2 juin 1941 publiée au *Journal officiel* du 14 juin 1941.
43. AD Ardèche, 99W52, déclaration de Georges Mandel du 10 juillet 1941.
44. APP, 1W 1425-77897.
45. Paul Reynaud, *Carnets de captivité, op. cit.*, p. 116.
46. Colonel Groussard, *Service secret, 1940-1945, op. cit.*, p. 246.
47. Paul Reynaud, *Carnets de captivité, op. cit.*, p. 90.
48. Colonel Groussard, *Service secret, 1940-1945, op. cit.*, p. 246.
49. *Ibid.*, p. 247.
50. *Ibid.*, p. 262.
51. *Ibid.*, p. 254.
52. Paul Reynaud, *Carnets de captivité, op. cit.*, p. 118.
53. AN, F7/15981/1 : « L'interné M. Georges Mandel ayant gravement manqué de correction à l'égard du directeur de cet établissement, le bénéfice de la promenade et de la visite de M. Paul Reynaud lui est supprimé jusqu'à demain 27 juillet à midi. La porte de sa chambre sera fermée à clé. »
54. AN, F7/15981/1, rapport du 27 juillet 1941.
55. Gayle K. Brunelle et Annette Finley-Croswhite, *Assassination in Vichy : Marx Dormoy and the Struggle for the Soul of France*, Toronto, Buffalo, Londres, University of Toronto Press, 2020, p. 56.

56. AN, AB/XIX/5172.
57. Paul Reynaud, *Au cœur de la mêlée, 1930-1945, op. cit.*, p. 1031, lettre du 27 juillet 1941.
58. Colonel Groussard, *Service secret, 1940-1945, op. cit.*, p. 247.
59. *Ibid.*, p. 255.
60. *L'Humanité clandestine*, 1er juin 1943.
61. AN, F/4/3221. L'exécution de Courrier est décidée par l'état-major FFI du département.

Chapitre 6. L'impossible procès

1. AN, F7/15981/1, ordonnance du juge Devémy du 21 décembre 1940.
2. AN, BB/30/1718.
3. AN, BB/30/1718.
4. AN, BB/30/1718, lettre du 16 janvier 1941.
5. AN, 2W70.
6. AN, 2W70 et 2W71.
7. AN, 2W71.
8. Les tentatives de décryptage se poursuivent jusqu'en 1942. Le deuxième bureau de l'amirauté française fait part de son échec le 13 juin 1942 (AN, BB/30/1718).
9. Paul Reynaud, *Au cœur de la mêlée, 1930-1945, op. cit.*, p. 1014.
10. *La Tribune de l'Aube*, 13 octobre 1941.
11. Blum, Daladier, Gamelin, Jacomet et La Chambre sont renvoyés devant la Cour, tandis que Pierre Cot, initialement renvoyé, est considéré en fuite aux États-Unis.
12. AN, BB/30/1719 - Note du 15 mai 1942 au garde des Sceaux.
13. AN, 2W69.
14. AN, 2W69 et 544AP74.
15. *Je suis partout*, 7 février 1941.
16. Les journalistes Alain Laubreaux, Charles Lesca, ainsi qu'Armand Thierry de Ludre, Robert Fabre-Luce et Clément Serpeille de Gobineau.
17. *L'Appel*, 6 mars 1941.
18. APP, 1W 1425-77897.
19. AN, BB/30/1718.
20. Décret du 17 mai 1940.
21. AN, BB/30/1718.
22. AN, BB/30/1718.
23. AN, 2AG/618 - Discours du maréchal Pétain radiodiffusé, 12 août 1941.

24. Gaston Bergery, homme politique soutien de Vichy, a rédigé plusieurs messages radiophoniques de Pétain en 1940-1941.
25. AN, F7/15981/1 - rapport de Charles Courrier, 13 août 1941.
26. AN, F7/15981/1 - rapport de Charles Courrier, 17 septembre 1941.
27. Cité dans *Le Populaire*, 16 septembre 1944.
28. Joseph Barthélemy, *Ministre de la Justice, Vichy 1941-1943*, Paris, Pygmalion, 1989, p. 240.
29. AN, 2AG/618.
30. Joseph Barthélemy, peu à l'aise face à cette procédure rocambolesque, vote contre une peine définitive.
31. AN, 2AG/618.
32. AN, 2AG/618.
33. L'arrêt de renvoi de la Cour suprême de justice est finalement rendu le 28 octobre 1941 (AN, BB/30/1719).
34. AN, 2AG/618.
35. Charles Vallin, député du Parti social français du colonel de La Rocque, rejoindra la France libre à Londres en septembre 1942.
36. AN, 2AG/618.
37. AN, AG/3(2)/327.
38. AN, BB/30/1719 - Discours radiodiffusé de Philippe Pétain, 16 octobre 1941.
39. Colonel Groussard, *Service secret, 1940-1945, op. cit.*, p. 283.
40. Paul Reynaud, *Carnets de captivité, op. cit.*, p. 142.
41. Evelyne Demey, *Paul Reynaud mon père, op. cit.*, p. 102.
42. AN, F7/15981/1.
43. Paul Reynaud, *Carnets de captivité, op. cit.*, p. 142.
44. AN, BB/30/1718, télégramme du 17 octobre 1941.
45. AN, F7/15981/1, note de Courrier du 19 octobre 1941.
46. AD Ardèche, 72W393, ordre de réquisition du 19 octobre 1941.
47. Aujourd'hui département des Pyrénées-Atlantiques (64).
48. Loi du 29 octobre 1941.
49. Joseph Barthélemy, *Ministre de la Justice, Vichy 1941-1943, op. cit.*, p. 240.
50. AN, BB/30/1719, *Le Temps*, 25 octobre 1941.
51. Référence à Paul Ferdonnet, journaliste d'extrême-droite entré au service des nazis dès 1939, considéré comme un traître et un parfait représentant de la « cinquième colonne ».
52. Kurt Schuschnigg, ancien chancelier autrichien, est emprisonné depuis l'Anschluss en 1938.
53. Vidkun Quisling est chef du gouvernement en Norvège depuis 1940 et applique une pleine collaboration avec l'occupant nazi.

54. Emil Hácha, président de la République tchécoslovaque depuis 1938, est maintenu président de Bohême-Moravie par les nazis après l'invasion de la Tchécoslovaquie en 1939.
55. Štefan Osuský, ambassadeur de Tchécoslovaquie en France jusqu'en 1940, a rejoint le gouvernement en exil de Beneš à Londres.
56. Edvard Beneš, président de la République tchécoslovaque depuis 1935, démissionne après les accords de Munich en 1938. Il forme un gouvernement tchécoslovaque en exil à Londres en 1940.
57. Cité dans le journal *L'Ordre*, 22 février 1945, sur la base du brouillon retrouvé dans les affaires de Mandel après sa mort.
58. AN, F7/15981/1 et AG-3(2)-327.
59. Colonel Groussard, *Service secret, 1940-1945*, *op. cit.*, p. 284.

Chapitre 7. Dans une enceinte fortifiée

1. Paul Reynaud, *Carnets de captivité*, *op. cit.*, p. 147-148.
2. Jean-Marc Berlière, *Policiers français sous l'Occupation*, Paris, Tempus Tempus Perrin, 2009, p. 114.
3. AN, BB/30/1719.
4. AN, BB/30/1719.
5. Journal *Paris-Soir*, 20 octobre 1941.
6. Revue *7 Jours*, 9 novembre 1941.
7. Pierre Mendès France, *Liberté, liberté chérie, choses vécues*, *op. cit.*, p. 10.
8. Christophe Lastécouères, *Prisonniers d'État sous Vichy*, Paris, Perrin, 2019, p. 127.
9. Paul Reynaud, *Carnets de captivité*, *op. cit.*, p. 148.
10. En août 1945, Bretty apprendra que Mme Pétain doit arriver à l'hôtel d'Urdos pour visiter son mari, emprisonné à son tour au Portalet. Elle écrira à l'Hôtel des Voyageurs pour obtenir que son poêle lui soit restitué sans délai et ainsi éviter qu'il ne soit utilisé par la femme de l'ancien maréchal : « Un journal de Paris nous apprend que vous attendez Madame la Maréchale. Je pense qu'il doit s'agir là de la femme du soldat Pétain. » (*Le Fort du Portalet*, revue de l'AMCB, p. 81.)
11. *Le Fort du Portalet*, revue de l'AMCB, p. 110.
12. Christophe Lastécouères, *Prisonniers d'État sous Vichy*, *op. cit.*, p. 271.
13. AN, 20050137/17/n° 3817 et BB/30/1718.
14. AN, 20050137/17/n° 3817.
15. Maurice Garçon, *Journal 1939-1945*, *op. cit.*, p. 331.
16. *Ibid.*
17. *Ibid.*

18. *Ibid.*, p. 332.
19. *Le Fort du Portalet*, revue de l'AMCB, p. 103.
20. *Le Fort du Portalet*, revue de l'AMCB, p. 111.
21. Ambroise-Marie Carré entrera en Résistance en juin 1942 en produisant des faux papiers et en organisant un réseau pour cacher des Juifs et des résistants. À la Libération, il recevra la Croix de guerre et la Légion d'honneur, et sera élu à l'Académie française en 1975.
22. AN, 544AP/74, lettre du 14 février 1942.
23. AN, 544AP/74, lettre du 14 février 1942.
24. Béatrice Bretty, *La Comédie française à l'envers*, Paris, Fayard, 1957, p. 92.
25. Lettre de Georges Mandel à Béatrice Bretty, 15 juin 1944, citée par *L'Ordre*, 24 février 1945.
26. Journal de Marcel Déat et du RNP, à la ligne collaborationniste et pro-nazie.
27. *Je suis partout*, 18 avril 1942.
28. Jacques Doriot, *Réalités*, Les Éditions de France, 1942, p. 70.
29. *Le Temps*, 17 mars 1942.
30. Maurice Garçon, *Journal 1939-1945*, *op. cit.*, p. 332.
31. *Ibid.*
32. Paul Reynaud, *Carnets de captivité*, *op. cit.*, p. 178.
33. APP, 77W 1633-61536, 25 juin 1942.
34. Paul Reynaud, *Carnets de captivité*, *op. cit.*, p. 184.
35. Haute Cour de justice, compte rendu des audiences du procès Pétain, p. 92.
36. Discours de Michel Clemenceau le 7 juillet 1945, *L'Année Clemenceau*, n° 7, juillet 2024.
37. Haute Cour de justice, compte rendu des audiences du procès Pétain, p. 92.
38. Haute Cour de justice, compte rendu des audiences du procès Pétain, p. 92.
39. AN, 72AJ/231.
40. AN, 72AJ/231.
41. Loi du 15 février 1872 relative au rôle éventuel des conseils départementaux dans le cas de circonstances exceptionnelles.
42. Mandel fait sans doute référence à Philippe Roques, le messager.
43. *Sud-Ouest*, 26 septembre 1949.
44. Paul Reynaud retournera visiter le fort du Portalet en 1948. Il retrouvera à cette occasion les deux scies, toujours cachées entre la plinthe et le mur de son ancienne cellule.
45. *Le Populaire*, 16 septembre 1944.
46. John M. Sherwood, *Georges Mandel and the Third Republic*, Stanford, Stanford University Press, 1970, p. 358.
47. Henri Frenay, *La nuit finira*, Paris, Robert Laffont, 1973, p. 231.
48. Paul Reynaud, *Au cœur de la mêlée, 1930-1945*, *op. cit.*, p. 1037.
49. Archives privées, lettre d'Henri Frenay à Evelyne Demey, 11 avril 1980.
50. Lettre ouverte de Béatrice Bretty du 20 octobre 1948 au député girondin Liquard.

51. Colonel Groussard, *Service secret, 1940-1945, op. cit.*, p. 320.
52. *Le Fort du Portalet*, revue de l'AMCB, p. 119.

Chapitre 8. « Vichy, le déshonneur dans la lâcheté »

1. AN, 544AP/74.
2. La *Sicherheitspolizei und Sicherheitsdienst* est la fusion opérée entre le SD, service de renseignement SS, et la police de sûreté du Reich, dont faisait partie la Gestapo, police politique nazie.
3. AN, 3W90, audition du général Bérard.
4. Paul Reynaud, *Carnets de captivité, op. cit.*, p. 199.
5. Maurice Garçon, *Journal 1939-1945, op. cit.*, p. 423.
6. *Ibid.*, p. 424.
7. *Ibid.*
8. *Ibid.*
9. AN, AG/3(2)/327.
10. Paul Reynaud, *Carnets de captivité, op. cit.*, p. 198.
11. AN, 3W90, auditions de Carl Oberg du 12 mai 1947 et de Helmut Knochen du 16 mai 1947.
12. Maurice Garçon, *Journal 1939-1945, op. cit.*, p. 410.
13. AN, 544AP/74.
14. AN, 544AP/74.
15. AN, 544AP/74.
16. AN, 544AP/74.
17. AN, 544AP/74.
18. AN, 544AP/74.
19. AN, AG/3(2)/327.
20. AN, 544AP/74.
21. Paul Reynaud, *Carnets de captivité, op. cit.*, p. 206.
22. *Ibid.*
23. *L'Ordre*, 23 février 1945.
24. AD Gironde, SC 910/1.
25. AD Gironde, SC 910/1.
26. Paul Reynaud, *Carnets de captivité, op. cit.*, p. 208.
27. *Id., Au cœur de la mêlée, 1930-1945, op. cit.*, p. 1040.
28. Maurice Garçon, *Journal 1939-1945, op. cit.*, p. 422.
29. *Ibid.*, p. 424.
30. AD Gironde, SC 910/1.
31. AN, 544AP/77.

Chapitre 9. La déportation

1. Le *Reishssicherheitshauptamt* était l'organisation suprême issue de la fusion en 1939 entre le *Sicherheitsdienst* (SD), service de renseignement nazi, et la *Sicherheitspolizei* (Sipo), la police de sûreté allemande.
2. Paul Reynaud, *Au cœur de la mêlée, 1930-1945, op. cit.*, p. 1041.
3. Pierre Limagne, *Éphéméride de quatre années tragiques - 1940-1944*, t. 2, Lavilledieu, Éditions de Candide, 1987, p. 915.
4. *L'Ordre*, 23 février 1945.
5. AN, 544AP/73.
6. AN, 544AP/73, notes du 6 février 1943.
7. AN, 544AP/73.
8. AN, 544AP/73.
9. AN, 544AP/73.
10. AN, 544AP/73.
11. Paul Reynaud, *Au cœur de la mêlée, 1930-1945, op. cit.*, p. 1043.
12. Bertrand Favreau, *Georges Mandel ou la passion de la République*, Paris, Fayard, 1996, p. 464.
13. *L'Ordre*, 25 février 1945.
14. *L'Ordre*, 27 février 1945.
15. Avant-guerre, Bernanos a été monarchiste et antisémite, avant de dénoncer, plus tard, le nazisme et les « hommes d'ordre » Franco et Pétain.
16. Georges Bernanos, « Vous serez jetés sur le parvis », *La Marseillaise*, 14 mars 1943 ; réédité dans l'ouvrage *Le Chemin de la Croix-des-Âmes*, Paris, Gallimard, 1948.
17. AN, 544AP/73, notes du 16 avril 1943.
18. Volker Koop, *In Hitlers Hand, Die Sonder und Ehrenhäftlinge der SS*, Cologne, Böhlau Verlag, 2010, p. 140.
19. Prisonniers d'honneur en allemand.
20. AN, 544AP/73, notes du 17 avril 1943.
21. AN, 544AP/73, notes du 21 avril 1943.
22. Pierre Limagne, *Éphéméride de quatre années tragiques - 1940-1944, op. cit.*, p. 1180.
23. Édouard Daladier, *Journal de captivité, 1940-1945, op. cit.*, p. 212.
24. Paul Reynaud, *Au cœur de la mêlée, 1930-1945, op. cit.*, p. 1044.
25. Dominique Missika, *Je vous promets de revenir, 1940-1945 : le dernier combat de Léon Blum*, Paris, Robert Laffont, 2009, p. 236.
26. AN, 544AP/73, lettre du 25 mai 1943.
27. Ilan Greilsammer, *Blum*, Paris, Flammarion, 1998, p. 466.

28. Léon Blum, *Lettres de Buchenwald*, Paris, Gallimard, 2003, p. 43, 6 juin 1943.
29. Ces courriers sont rassemblés dans *ibid.*
30. Maurice Garçon, *Journal 1939-1945*, *op. cit.*, p. 472.
31. AN, 544AP/74.
32. AN, 544AP/74, lettre du 29 juillet 1943.
33. AN, 655AP/198, lettre du 4 août 1943.
34. AN, 655AP/198, lettre du 4 août 1943.
35. AN, 544AP/74, lettre du 7 septembre 1943.
36. AN, 544AP/74, lettre du 7 septembre 1943.
37. Ilan Greilsammer, *Blum*, *op. cit.*, p. 469.
38. Mandel note le 17 janvier 1944 dans son journal : « Ce matin, en réponse à question de Mme L.B. [Léon Blum], dis que ne demanderai pas à B. [Bretty] de venir. » (AN, 544AP/73.)
39. AD 78, 9Q6/588, succession de Léon Blum.
40. Dominique Missika, dans son ouvrage *Je vous promets de revenir*, *op. cit.*, retient la date du 8 octobre 1943.
41. Léon Blum, *Lettres de Buchenwald*, *op. cit.*, lettre du 14 octobre 1943, p. 66.
42. AN, 544AP/74, lettre du 12 novembre 1943 de Joseph Besselère à Georges Mandel.
43. Archives privées, lettre du 23 septembre 1943 à Eugène Frot.
44. *Le Populaire*, 23 mai 1945.
45. Léon Blum, *L'Œuvre de Léon Blum, 1947-1950*, Paris, Albin Michel, 1963, p. 436, discours prononcé le 7 juillet 1948 au ministère de l'Intérieur.
46. AN, 544AP/74, testament du 3 septembre 1941.
47. AN, 544AP/74, testament du 3 septembre 1941.
48. AN, 544AP/74, testament du 3 septembre 1941.
49. « Il [Mandel] m'avait confié, l'an passé, un acte de dernière volonté dont je crois être parvenu à faire passer en France une copie authentique. » Lettre de Léon Blum, 31 juillet 1944, in *Lettres de Buchenwald*, *op. cit.*, p. 142.
50. AN, 544AP/74.
51. AN, 544AP/73, lettre du 15 novembre 1943.
52. *L'Ordre*, 27 février 1945.
53. AN, 544AP/73.
54. AN, 544AP/73, notes du 6 janvier 1944.
55. AN, 544AP/73, notes du 21 janvier 1944.
56. AN, 544AP/73, notes du 31 janvier 1944.
57. AN, 544AP/73, notes du 7 janvier 1944.
58. AN, 544AP/73, notes du 12 et du 18 janvier 1944.
59. *L'Ordre*, 2 mars 1945.
60. Léon Blum, « Le dernier mois », *in L'Œuvre de Léon Blum, 1940-1945*, Paris, Albin Michel, 1955, p. 518.

61. AN, 544AP/74.
62. AN, 544AP/74.
63. AN, 544AP/73, notes du 4 juin 1944.
64. AN, 544AP/73, notes du 5 juin 1944.
65. AN, 544AP/73, notes du 6 juin 1944.
66. AN, 544AP/73, notes du 20 juin 1944.
67. AN, 544AP/73, notes du 23 juin 1944.
68. AN, 544AP/73, notes du 28 juin 1944.
69. AN, 544AP/73, notes du 28 juin 1944.

Chapitre 10. L'assassinat

1. AN, 544AP/73.
2. Léon Blum, « Le dernier mois », *op. cit.*, p. 518.
3. *Le Populaire*, 23 mai 1945.
4. Léon Blum, *L'Œuvre de Léon Blum, 1947-1950, op. cit.*, p. 437, discours prononcé le 7 juillet 1948 au ministère de l'Intérieur.
5. AN, BB30/1718, télégrammes du 15 et du 23 mai 1944. On y constate notamment des dissensions allemandes : les positions d'Abetz sur d'autres sujets sont violemment critiquées par le ministère des Affaires étrangères du Reich.
6. AN, BB30/1718, télégramme du 30 mai 1944 signé par Gustav Hilger, adjoint du ministre des Affaires étrangères Ribbentrop.
7. AN, F/7/15981/1, audition de Carl Oberg du 7 février 1946.
8. Ministre de la Propagande du Reich.
9. *Die Tägebucher von Joseph Goebbels*, entrée du 6 juin 1944, cité par Volker Koop, *In Hitlers Hand, op. cit.*, p. 141.
10. Joseph Darnand, initiateur de la Milice française, acteur de la collaboration, est depuis le 14 juin 1944 secrétaire d'État à l'Intérieur.
11. Bertrand Favreau, *Georges Mandel ou la passion de la République, op. cit.*, p. 473.
12. Paul Reynaud, *Au cœur de la mêlée, 1930-1945, op. cit.*, p. 996.
13. Pierre Laval se défendra d'ailleurs lors de son procès en 1945 en affirmant qu'il était persuadé que sa note avait eu pour effet d'empêcher l'exécution de Magnien, et ainsi d'éviter le rapatriement de Mandel, Blum et Reynaud.
14. Jean-Marc Berlière et François Le Goarant de Tromelin, *Liaisons dangereuses : miliciens, truands, résistants, Paris 1944*, Paris, Perrin, 2013, p. 100.
15. Aujourd'hui renommé square de l'Avenue-Foch.
16. Son titre officiel est délégué au maintien de l'ordre pour la zone nord.

17. AN, Z/6/398/Bis : confrontation entre Darnand et Knipping en date du 5 septembre 1945.
18. Encore une fois, on prête ce prénom imaginaire à Georges Mandel par pur antisémitisme.
19. AN, Z/6/778, ordre du 7 juillet 1944.
20. AN, 3W140, audition de M. Couget, sous-directeur à la prison de la Santé.
21. AN, F/7/15327, audition de Max Knipping en date du 14 juillet 1945.
22. Paul Coblentz, *Georges Mandel*, Paris, Éditions du Bélier, 1946, p. 239.
23. AN, F7/15981/1, note DGSN du 20 juillet 1945.
24. Nommé par Darnand, Anquetin est identifié comme un haut fonctionnaire proche de la Milice.
25. AN, Z/6/398/Bis : confrontation entre Darnand et Knipping en date du 5 septembre 1945.
26. AN, F7/15981/1, rapports du 8 juillet 1944.
27. Maurice Garçon, *Journal 1939-1945, op. cit.*, p. 582.
28. Max Brusset, « Georges Mandel », *Revue des deux mondes*, 1985.
29. Maurice Garçon, *Journal 1939-1945, op. cit.*, p. 583.
30. *Le Populaire*, 16 septembre 1944.
31. *Le Cri du peuple*, 15 juillet 1944.
32. *Je suis partout*, 21 juillet 1944.
33. AN, 544AP/74, testament du 3 septembre 1941.
34. AN, 544AP/77, lettre du 24 juillet 1944.
35. AN, 544AP/77, lettre du 24 juillet 1944.
36. Jacques Delpierre de Bayac, *Histoire de la Milice 1918-1945*, Paris, Fayard, 1969, p. 522.
37. Le profil de Mansuy-Solnlen est longuement abordé dans : Jean-Marc Berlière et François Le Goarant de Tromelin, *Liaisons dangereuses, op. cit.*, p. 59.
38. Jean-Marc Berlière et François Le Goarant de Tromelin, *Liaisons dangereuses, op. cit.*, p. 44.
39. AN, Z/6/778.
40. AN, 544AP/77.
41. AN, 544AP/77.
42. *L'Ordre*, 6 mars 1945.
43. Bertrand Favreau, *Georges Mandel ou la passion de la République, op. cit.*, p. 467.

Le martyre de Georges Mandel

Épilogue

1. Dans l'arrêt de condamnation de Pétain, seule apparaît une référence à l'action néfaste de la Milice qu'il a tolérée : « Attendu [...] que Darnand devenait, quoi qu'en dise Pétain, avec l'assentiment nécessaire de ce dernier, chef du maintien de l'ordre et se mettait bien vite en devoir d'organiser, sous le nom de Milice, une force enrôlée au service d'Hitler, auquel Darnand avait prêté serment de fidélité ; que cet organisme ne tardait pas à faire régner en France l'assassinat et le pillage ; que les adversaires politiques du nouveau régime, en particulier Georges Mandel, tombaient sous leurs coups. » (Haute Cour de justice, compte rendu sténographique des audiences du procès Pétain, p. 386.)
2. Jean-Noël Jeanneney aborde avec précision cette question dans *Georges Mandel, l'homme qu'on attendait,* Paris, Tallandier, Texto, réédition 2009.
3. *Le Monde,* 8 juillet 1974, témoignage de Max Brusset.
4. Lettre du 20 octobre 1948 au député girondin Liquard, citée dans *Le Monde,* 24 septembre 1949.

Les responsables

1. Jacques Isorni, *C'est un péché de la France,* Paris, Flammarion, 1962, p. 31.

Chronologie générale autour de Georges Mandel

5 juin 1885	Naissance à Chatou (78).
Novembre 1917-novembre 1919	Chef de cabinet du président du Conseil Georges Clemenceau.
8 novembre 1934-4 juin 1936	Ministre des Postes et Télécommunications.
10 avril 1938	Ministre des Colonies.
18 mai 1940	Ministre de l'Intérieur.
16 juin 1940	Pétain est nommé président du Conseil, Mandel perd son portefeuille.
17 juin 1940	Arrêté à Bordeaux sur instigation d'Alibert.
21 juin 1940	Quitte la métropole à bord du *Massilia*.
22 juin 1940	Signature de l'armistice par le gouvernement français à Rethondes (Oise).
24 juin 1940	Accostage du *Massilia* à Casablanca. Mandel est autorisé à se rendre à Rabat.
27 juin 1940	Arrêté en débarquant du *Massilia*, conduit à Ifrane.
1er juillet 1940	Autorisé à rejoindre Alger en résidence surveillée.

15 juillet 1940	Ordre d'inculpation contre Mandel émis par Weygand.
22 juillet 1940	Transféré à Meknès en vue de son inculpation.
7 septembre 1940	Non-lieu prononcé par le juge militaire en faveur de Mandel. Arrêté d'internement pris à son encontre par le préfet d'Oran.
9 septembre 1940	Rapatrié en France, interné à Chazeron (Puy-de-Dôme) le 10 septembre.
11 septembre 1940	La Cour suprême de justice se saisit et engage des poursuites contre Mandel.
17 novembre 1940	Transféré à Pellevoisin (Indre).
31 décembre 1940	Transféré vers Aubenas (Ardèche).
13 janvier 1941	Transféré à Vals-les-Bains (Ardèche), à l'Hôtel des Bains.
30 avril 1941	Transféré à proximité, au château de la Châtaigneraie.
26 juillet 1941	Assassinat de Marx Dormoy à Montélimar.
16 octobre 1941	Condamné à la détention dans une enceinte fortifiée pour une durée illimitée par le Conseil de justice politique mis en place par Pétain.
24 octobre 1941	Transféré de nouveau à l'Hôtel des Bains.
15 novembre 1941	Transféré au fort du Portalet (Basses-Pyrénées).
19 février 1942	Ouverture du procès de Riom.
15 avril 1942	Suspension du procès de Riom pour un « supplément d'information ».

20 août 1942	Mandel fait allégeance à de Gaulle dans une lettre clandestine.
11 novembre 1942	Invasion de la zone sud par les Allemands, qui s'emparent du fort du Portalet.
20 novembre 1942	Transféré avec Paul Reynaud au fort du Hâ, à Bordeaux.
21 novembre 1942	Transféré à Tours.
24 novembre 1942	Transféré à Berlin, au siège de la Sipo-SD, puis au camp de Sachsenhausen, à Oranienbourg.
8 mai 1943	Transféré à Buchenwald, dans une maison séparée du camp, où il rejoint Léon Blum.
6 juin 1943	Le rapport de l'expert Mulquin est transmis à la Cour de Riom. Aucun détournement n'est imputé à Georges Mandel.
18 juin 1943	Arrivée de Jeanne Reichenbach, compagne de Léon Blum, à Buchenwald.
30 mai 1944	Ordre de Hitler de rapatrier Mandel, Blum et Reynaud en vue de les faire fusiller par le gouvernement français.
6 juin 1944	Apprend que les Alliés ont débarqué en Normandie.
28 juin 1944	Est informé de l'assassinat à Paris de Philippe Henriot, propagandiste de Vichy.
4 juillet 1944	Transféré par les Allemands à Paris.
7 juillet 1944	Remis par les Allemands à la prison de la Santé, puis livré à la Milice. Assassiné en forêt de Fontainebleau.

Sources

Archives nationales (AN)

Fonds Georges Mandel
- 544AP/72 : arrestations et internement administratif par le gouvernement de Vichy.
- 544AP/73 : journal manuscrit, brouillons de lettres et notes de lecture de Georges Mandel durant sa captivité en Allemagne.
- 544AP/74 ; correspondance de Georges Mandel prisonnier en France et en Allemagne.
- 544AP/75 : papiers privés et photographies.
- 544AP/77 : assassinat de Georges Mandel, procès de ses assassins, association des amis de Georges Mandel.
- 544AP/78 : discours et coupures de presse.
- 544AP/79 : imprimés sur Georges Mandel et Georges Clemenceau.

Haute Cour de justice
- 3W90 : instruction et procès de René Bousquet.
- 3W140 : instruction et procès de Joseph Darnand.
- 3W214 : instruction et procès de Pierre Laval.
- 3W246 : instruction et procès d'Adrien Marquet.
- 3W263, 3W264, 3W265 : instruction et procès du général Noguès.
- 3W311 : instruction et procès de Marcel Peyrouton.

Archives de l'État Français (1940-1944)
- 2AG/618 : papiers de la « malle Pétain ».

Ministère de l'Intérieur, direction de la Sûreté générale, fichier central
- F/7/15981/1 : dossier Georges Mandel.
- F/7/15327 : dossier Max Knipping.
- 19940459/393 dossier 35311 : dossier Thierry de Ludre.

Ministère de l'Intérieur : administration générale, personnel
- F/1bI/712 : dossier de carrière de Pierre Anquetin.
- F/1bl/747 : dossier de carrière de Charles Courrier.
- F/1bI/785 : dossier de carrière d'Eugène Hild.

Ministère de l'Intéricur : direction générale de la Sûreté nationale
- 19780645/210 : dossier de carrière de Maurice Cottentin.

Ministère de l'Intérieur : comptabilité générale
- F/4/3221 : dossier de pension de Charles Courrier.

Ministère de l'Intérieur : direction centrale des renseignements généraux
- 20220539/30 : fiche sur l'établissement de Pellevoisin.
- 19800280/16 : fiche Robert Fabre-Luce.
- 20050137/17 dossier 3817 : fiche Joseph Besselère.

Ministère de l'Intérieur : fichier central de la police judiciaire
- 19880206/8 : rapports journaliers de Charles Courrier à Vals-les-Bains en 1942.

Ministère de l'Intérieur : archives du *Sicherheitsdienst* en France (1942-1944)
- F/7/15149 : papiers du SD - documents saisis par les Allemands chez Georges Mandel.

Ministère de la Justice, direction des affaires criminelles et des grâces
- BB/18/3336 dossier 2988 A41 : dossier judiciaire Georges Mandel.
- BB/18/3271 dossier 1371 A40 : dossier sur la mort de Thierry de Ludre.

Ministère de la Justice, secrétariat général
- BB/30/1718, BB/30/1719 : Cour suprême de justice, procès de Riom.

Cour suprême de justice
- 2W69, 2W70, 2W71 : instruction menée contre Georges Mandel.

Cour de justice de la Seine
- Z/6/778 : dossier judiciaire sur l'assassinat de Georges Mandel.
- Z/6/398/Bis : dossier judiciaire Max Knipping.
- Z/6/648/B : dossier judiciaire Solnlen, Boero, Neroni et autres.

Fonds Max et Marie Brusset
- 655AP/136, 655AP/145, 655AP/198, 655AP/267-270.

Fonds Jules Moch
- 484AP/94 : papiers de Jules Moch, mémoires de Pellevoisin.

Fonds Vincent Auriol
- 552AP/30 : papiers de Vincent Auriol.

Fonds Paul Reynaud
- 74AP/24 : notes et lettres de 1943.

Fonds Léon Blum
- 570AP/21 : notes de captivité en Allemagne et en France.

Fonds Jean Zay
- 667AP/141 n°917 : le *Massilia.*

Papiers du Comité d'histoire de la Seconde Guerre mondiale et fonds privés 1939-1945
- 72AJ/2108 : notes et lettres de Philippe Roques.
- 72AJ/231 : compte rendu d'entrevue de Philippe Roques à Londres.

Archives du Bureau central de renseignements et d'action
- AG/3(2)/327 : documents relatifs à la captivité de Georges Mandel.

Documents isolés et papiers d'érudits
- AB/XIX/3562 : ordre d'arrestation de Georges Mandel le 17 juin 1940.
- AB/XIX/5172 : lettre de Robert Brasillach à Jacques Tournant.
- AB/XIX/4191 : cahiers d'un officier de la IIIe République, mémoires du général Henri Mordacq.

Archives de la préfecture de police (APP)

- 77W 1633-61536 : direction du renseignement, vie professionnelle et politique de Georges Mandel.

- 1W 1425-77897 : cabinet du préfet de police, occupation de l'appartement parisien de Georges Mandel en 1941.
- JA 252-1944-6 : direction de la police judiciaire, procédure relative à l'assassinat de Georges Mandel (1944-1946).

Archives départementales de l'Ardèche

- 72 W 393 : fonctionnement de l'établissement d'internement de Vals-les-Bains.
- 99 W 52 : lettre de Georges Mandel en date du 10 juillet 1945.

Archives départementales de l'Indre

- 1279 W 41 : fonctionnement de l'établissement d'internement de Pellevoisin.
- 1 J 2263 : journal du docteur Robillard, affecté à Pellevoisin (1940).

Archives départementales de la Gironde

- SC 910/1 : correspondance entre les autorités allemandes, l'intendant régional de police et le préfet de la Gironde au sujet du transfert de Georges Mandel et Paul Reynaud le 20 novembre 1942.

Bibliographie

Biographies de Georges Mandel

FAVREAU, Bertrand, *Georges Mandel ou la passion de la République*, Paris, Fayard, 1996.

JEANNENEY, Jean-Noël, *Georges Mandel, l'homme qu'on attendait*, Paris, Tallandier, Texto, réédition 2009.

SARKOZY, Nicolas, *Georges Mandel, le moine de la politique*, Paris, Grasset, 1994.

SHERWOOD, John M., *Georges Mandel and the Third Republic*, Stanford, Stanford University Press, 1970.

WORMSER, Georges, *Georges Mandel l'homme politique*, Paris, Plon, 1967.

Témoignages

AURIOL, Vincent, *Hier, demain*, Paris, éd. Charlot, 1945.

BARTHÉLEMY, Joseph, *Ministre de la justice, Vichy 1941-1943*, Paris, Pygmalion, 1989.

BERL, Emmanuel, *La Fin de la IIIe République*, Paris, Gallimard, 1968.

BLUM, Léon, *L'Œuvre de Léon Blum, 1940-1945*, Paris, Albin Michel, 1955.

—, *L'Œuvre de Léon Blum, 1947-1950*, Paris, Albin Michel, 1963.

—, *Lettres de Buchenwald*, Paris, Gallimard, 2003.

BRETTY, Béatrice, *La Comédie française à l'envers*, Paris, Fayard, 1957.

CHURCHILL, Winston, *Mémoires sur la Deuxième Guerre mondiale*, t. II.2, *L'heure tragique - Seuls (mai-décembre 1940)*, Paris, Plon, réédition 1965.

COBLENTZ, Paul, *Georges Mandel*, Paris, Éditions du Bélier, 1946.
DALADIER, Édouard, *Journal de captivité, 1940-1945*, Paris, Calmann-Lévy, 1991.
DEMEY, Evelyne, *Paul Reynaud mon père*, Paris, Plon, 1980.
FRENAY, Henri, *La nuit finira*, Paris, Robert Laffont, 1973.
GARÇON, Maurice, *Journal 1939-1945*, Paris, Fayard, 2015.
GAULLE, Charles de, *Mémoires de guerre*, t. 1, *L'Appel, 1940-1942*, Paris, Plon, 1954.
GROUSSARD, Colonel, *Service secret, 1940-1945*, Paris, La Table ronde, 1964.
JEANNENEY, Jules, *Journal politique septembre 1939-juillet 1942*, Paris, Armand Colin, 1972.
LIMAGNE, Pierre, *Éphéméride de quatre années tragiques - 1940-1944*, t. 2, Lavilledieu, Éditions de Candide, 1987.
MENDÈS FRANCE, Pierre, *Liberté, liberté chérie, choses vécues*, 1943, Paris, Fayard, réédition 1977.
MOCH, Jules, *Une si longue vie*, Paris, Robert Laffont, 1976.
PEYROUTON, Marcel, *Du service public à la prison commune*, Paris, Plon, 1950.
POMARET, Charles, *Le Dernier Témoin*, Paris, Presse de la cité, 1968.
REYNAUD, Paul, *Carnets de captivité*, présentés par Evelyne Demey, Paris, Fayard, 1997.
—, *Au cœur de la mêlée, 1930-1945*, Paris, Flammarion, 1951.
SPEARS, Général, *La Chute de la France, témoignage sur une catastrophe*, Paris, Presses de la cité, 1964.
ROGER, Stéphane, *Chaque homme est lié au monde (1939-1944)*, Paris, Grasset, 2004.
TONY-REVILLON, Marie-Michel, *Mes carnets juin-octobre 1940*, Paris, O. Lieutier, 1945.

Ouvrages historiques

BERLIÈRE, Jean-Marc, *Police des temps noirs*, Paris, Perrin, 2018.
BERLIÈRE, Jean-Marc et GOARANT DE TROMELIN, François Le, *Liaisons dangereuses : miliciens, truands, résistants, Paris 1944*, Paris, Perrin, 2013.
BREDIN, Jean-Denis, *L'infamie, le procès de Riom, février-avril 1942*, Paris, Grasset, 2012.

Bibliographie

BRUNELLE, Gayle K. et FINLEY-CROSWHITE, Annette, *Assassination in Vichy : Marx Dormoy and the Struggle for the Soul of France*, Toronto, Buffalo, Londres, University of Toronto Press, 2020.

CONIEZ, Hugo, *La Mort de la IIIe République*, Paris, Perrin, 2024.

DELPIERRE DE BAYAC, Jacques, *Histoire de la Milice 1918-1945*, Paris, Fayard, 1969.

DELPLA, François, *Qui a tué Georges Mandel ?*, Paris, L'Archipel, 2008.

GIRAUDIER, Vincent, *Les Bastilles de Vichy*, Paris, Tallandier, 2009.

GREILSAMMER, Ilan, *Blum*, Paris, Flammarion, 1998.

Haute Cour de justice, *Compte rendu* in extenso *des audiences, Procès du maréchal Pétain*, Imprimerie des journaux officiels, 1945.

JACKSON, Julian, *Le Procès Pétain. Vichy face à ses juges*, Paris, Seuil, 2024.

KOOP, Volker, *In Hitlers Hand, Die Sonder und Ehrenhäftlinge der SS*, Cologne, Böhlau Verlag, 2010.

LASTÉCOUÈRES, Christophe, *Prisonniers d'État sous Vichy*, Paris, Perrin, 2019.

LUC, Benoît, *Otages d'Hitler*, Paris, Vendémiaire, 2014.

MISSIKA, Dominique, *Je vous promets de revenir, 1940-1945 : le dernier combat de Léon Blum*, Paris, Robert Laffont, 2009.

RÉAU, Elisabeth du, *Daladier*, Paris, Fayard, 1993.

RIMBAUD, Christiane, *L'Affaire du* Massilia, Paris, Seuil, 1984.

VERGEZ-CHAIGNON, Bénédicte, *Pétain*, Paris, Tempus Perrin, 2018.

Revues

L'Année Clemenceau, n° 7, CNRS Éditions, 2024.

Le Fort du Portalet, Association Mémoire Collective en Béarn, 1999.

Un tout premier résistant méconnu, Georges Mandel, Cercle d'étude de la Déportation et de la Shoah, *Petit Cahier*, n° 29, juin 2021.

Théâtre

JEANNENEY, Jean-Noël, *L'un de nous deux, Blum/Mandel*, Paris, Libretto, réédition 2024.

Index des noms de personnes

A

B

C

D

E

F

G

N

O

P

R

S

Index des noms de lieux

P

R

S

T

U

V

W

Remerciements

La publication de cet ouvrage n'aurait pas été possible sans la confiance que m'a immédiatement accordée Nicolas Gras-Payen, directeur des éditions Passés composés : mes premiers remerciements lui sont adressés, pour ses conseils bienveillants et sa patiente relecture, ainsi qu'à ses équipes.

Je souhaite également remercier les historiens et historiennes qui m'ont incité à approfondir les recherches autour du général Henri Mordacq puis de Georges Mandel, et qui ont ainsi grandement participé à me conforter dans ce travail de longue haleine : en premier lieu, Patrick Weil, Sylvie Brodziak et Jean-Noël Jeanneney.

Ce récit doit beaucoup aux témoignages des personnalités qui ont connu les proches de Georges Mandel ou qui sont issus de leurs familles : merci à Jean-Pierre Rothschild, Évelyne Paul-Reynaud, Wolfgang Kleinertz et Bakary Togola. J'ai en outre maintes fois sollicité les archivistes, en particulier aux Archives Nationales, pour mener à bien ces recherches : qu'ils en soient ici remerciés.

Je tiens aussi à rendre hommage au travail inlassable de mémoire assuré par la *Société des amis de Georges Clemenceau*, qui est aussi celle des amis de Georges Mandel, sous l'égide de son président Guy Wormser.

Mes remerciements les plus personnels vont enfin à Lou, pour son soutien et sa patience sans faille, ainsi qu'à mes trois filles, à qui ce livre est dédié.

Table des matières

Composition et mise en pages
Nord Compo à Villeneuve-d'Ascq

PEFC
10-31-3532
Certifié PEFC
Ce produit est issu de forêts gérées durablement, de sources recyclées et contrôlées
www.pefc-france.org

Imprimé en France sur papiers
issus de forêts gérées durablement

Sepec Numérique

1, rue de Prony - ZA des Bruyères
01960 Peronnas

IMPRIM'VERT®

Achevé d'imprimer en mars 2025
Numéro d'impression : N17932250246